새 연세한국어 말하기와 쓰기 3-2

연세대학교 한국어학당 편

연세대학교 대학출판문화원

머리말

연세대학교 한국어학당은 1959년에 설립된 한국 최초의 외국어로서의 한국어 교육 기관이다. 연세대학교 한국어학당은 그간의 역사와 명성에 걸맞게 다양한 한국어 교재 편찬 및 관련 연구를 해 옴으로써 한국어 교육을 선도해 왔다. 지금까지 전 세계에서 온 약 147개국의 14만 명에 이르는 한국어 학습자들에게 한국어와 한국 문화를 가르쳐 왔으며, 최근에는 오프라인 한국어 교육뿐만 아니라 세계 각국의 한국어 학습자들을 대상으로 글로벌 온라인 대중 공개 강좌(MOOC)를 개설하여 학습자들로부터 큰 호응을 얻고 있다. 특히 최근 빠른 속도로 변화해 가는 교육 환경에 맞추어 새로운 교수법과 교수 자료 개발에 힘을 기울이는 등 끊임없는 노력을 하고 있다.

연세대학교 한국어학당은 그간 일반 목적 한국어 학습자들뿐만 아니라 특수 목적 한국어 학습자들을 대상으로 정규 과정, 단기 과정, 대학 한국어 과정 등 다양한 교육 과정을 개설 운영하면서 학습자의 요구에 부응하는 최상의 교재를 개발해 왔다. 이러한 교재들은 국내외의 한국어 교육 기관에서 교사와 학습자들의 다양한 요구를 충족시키며 양질의 한국어 교수·학습을 위해 널리 사용되고 있다.

연세대학교 한국어학당은 그간 가장 큰 호응을 받아 왔던 '연세한국어' 1급~6급의 뒤를 이을 새로운 교재로 '새 연세한국어' 시리즈를 기획 출간하게 되었다. 이 교재의 개발을 위해 한국어 교육 현장 경험이 풍부한 전문 한국어 교육학자 및 교사들이 대거 투입되었고 최상의 한국어 교수법 및 학습자 집단의 요구에 대한 이해를 바탕으로 개발 작업이 장기간에 걸쳐 수행되었다.

이번에 출간된 '새 연세한국어' 시리즈는 총 6단계로 각 단계마다 어휘와 문법 교재, 말하기와 쓰기 교재, 듣기와 읽기 교재로 구성되어 있다. '새 연세한국어 어휘와 문법'은 한국어 학습자들이 각 숙달도별로 가장 필수적으로 익혀야 하는 주요 어휘와 문법에 대한 이해와 활용을 중심으로 구성되었다. '새 연세한국어 말하기와 쓰기'는 원활한 한국어 의사소통을 위해 꼭 필요한 표현 기능을 수행할 수 있도록 말하기, 쓰기 과제를 중심으로 구성되었다. 또한 '새 연세한국어 듣기와 읽기'는 듣기, 읽기 과제를 중심으로 각 급별 숙달도에 적절한 이해 능력을 함양시킬 수 있도록 구성되었다. 이 세 권의 교재는 어휘·문법, 표현, 이해 능력의 고른 발달을 위해 패키지로 함께 사용될 수도 있고, 교육 현장 여건이나 학습자의 요구에 따라 별도로 사용될 수도 있다. 또한 어휘와 문법 교재의 경우 별도의 지침서가 무료로 제공되므로 교육 경험이 다소 부족한 국내외의 한국어 교사들에게 유용한 길잡이가 될 수 있을 것이다.

연세대학교 한국어학당은 앞으로도 전 세계 한국어 학습자들의 요구와 기대에 부응하는 교재 개발을 위해 최선을 다할 것이다. 아울러 본 교재가 국내외에서 한국어 교육을 위해 노력을 아끼지 않는 많은 교사와 한국어 학습을 위해 노력하는 모든 학습자들에게 크게 도움이 되기를 바란다.

연세대학교 언어연구교육원
한국어학당 교재편찬위원회

일러두기

01 이 책은 <새 연세한국어 어휘와 문법 3>, <새 연세한국어 듣기와 읽기 3>과 함께 한국어 중급 학습자를 위해 개발된 교재이다. 특히 <새 연세한국어 어휘와 문법 3>에서 배운 문형과 어휘를 활용해서 말하고 쓰는 표현 연습을 할 수 있도록 구성되었다.

02 이 책은 한국어 중급 학습자가 한국어로 말하고 쓸 수 있는 능력을 키우기 위한 표현 능력 개발 교재이다.

03 이 책은 총 20과이며 각 과는 각각 50분 수업 분량의 2개 항으로 구성되어 있다. 그리고 2개 과마다 복습을 할 수 있도록 복습 10개 항을 구성하였으므로 이 책은 총 50개 항으로 구성되어 있다. 그리고 2개 과마다 한국 문화에 대한 소개가 있다.

04 이 책의 각 항은 '제목, 학습 목표, 준비해 봅시다, 표현해 봅시다, 정리해 봅시다'로 구성되었다. 복습 항은 선행 학습된 2개 과의 주제와 기능, 어휘와 문형을 활용할 수 있는 2개 과제로 구성되어 있다.

05 이 책 각 과의 제목은 <새 연세한국어 어휘와 문법 3>과 동일하다. 각 항의 제목은 해당 항의 내용 중에서 학습 목표를 드러낼 수 있는 대표적인 문장을 골라 사용하였다.

06 학습 목표는 '설명할 수 있다, 소개할 수 있다, -에 대해서 이야기할 수 있다'와 같이 표현 기능이 드러나도록기술하였다.

07 '준비해 봅시다'는 각 항의 도입부에 해당된다. 삽화를 제시해서 학습자의 이해를 돕고 2개 질문에 대답하는 동안 각 항의 구체적인 내용을 예측해 볼 수 있도록 구성하였다. 1과에서 20과까지 40개 항에는 삽화와 관련된 질문과 학습자들이 자신의 상황에 맞춰 대답할 수 있는 질문이 제시되어 있다.

08 '표현해 봅시다'는 <새 연세한국어 어휘와 문법 3>에서 공부한 내용을 주제와 관련해서 말하거나 써 볼 수 있는 과제 활동으로 구성되어 있다. 중급 학습자의 흥미를 끌고 실제성을 높일 수 있도록 목표 말하기 상황이 드러나는 삽화를 제시하였다. 또한 학습자의 이해를 돕기 위해서 연습마다 전형적인 대화와 발표문, 설명문 등의 예시를 **보기** 로 제시하였다. **보기** 글의 제목을 칠판에 써 주면 학생들이 과제 활동의 목표를 파악하는 데 도움이 될 것이다.

09 '정리해 봅시다'는 '교실에서 수행한 표현 활동과 연계된 실생활 과제로 구성되어 있다. 학습한 어휘와 문형을 실생활의 다양한 맥락에 맞게 사용할 수 있도록 설계되었다.

10 '복습'은 2개의 연습으로 구성되어 있다. 앞선 2개 과에서 배운 어휘와 문형, 주제를 통합해서 길게 말하고 쓸 수 있는 연습으로 구성되었다.

11 '문화'는 한국의 문화를 소개하면서 이와 관련된 한국어 표현을 제시해서 학습자들이 실생활에서 활용할 수 있도록 내용을 선별하였다.

12 모든 연습은 학습자가 자신의 한국어 능력 수준에 맞춰 다양하게 표현할 수 있도록 정답이 열려 있는 질문으로 구성하였다. 자신의 상황에 맞게 적용해서 연습할 수 있도록 일반적이고 전형적인 상황을 제시하였다.

13 새로 나온 어휘는 해당 페이지의 하단에 제시하였다. 부록에는 새로 나온 모든 어휘의 목록과 해당 어휘가 사용된 항을 제시해서 자기 주도 학습에 도움을 주고자 하였다.

단원구성

과	제목	학습 목표	문형	문화
11과 새로운 경험	<1> 한국말을 잘 못해도 봉사할 수 있다고 하던데 맞나요?	공공기관에 필요한 정보를 문의하고 소개할 수 있다.	-는다고 하던데 -는 대로	전통 문화 체험
	<2> 생각보다 시간이 오래 걸리기는 했지만 재미있었어요	문화 체험 프로그램을 추천할 수 있다.	-기는 하다 -다니	
12과 여행	<1> 외국인도 먹을 만한 음식은 어디에서 팝니까?	관광 안내소에 모르는 것에 대해 문의할 수 있다.	-을 만하다 -는답니다	
	<2> 차이나타운이며 근대거리며 볼거리가 많던데요	인상적이었던 여행 경험을 소개할 수 있다.	-을 뿐만 아니라 이며 이며	
13과 쇼핑	<1> 이 사이트는 값이 싸기도 하고요	인터넷 쇼핑의 장단점을 비교할 수 있다.	-만 못하다 -기도 하다	쇼핑 트렌드
	<2> 받은 상품에 이상이 있거나 하면 교환해 주시죠?	상품의 교환이나 환불을 요청할 수 있다.	-을걸요 -거나 하면	
14과 초대	<1> 이번 행사를 준비하느라고 오늘 점심 먹을 시간도 없었어요	행사에 대해서 설명하고 초청할 수 있다.	-느라고 -는단 말이에요?	
	<2> 가족들이 함께 나눠 먹을 만한 것을 사다가 드리세요	방문 예절을 설명할 수 있다.	-어다가 -는다니요?	
15과 일과 생활	<1> 친구들이 신기해하는 걸 보니 우리나라에 수입해도 성공할 것 같아요	하고 싶은 일에 대한 계획을 소개할 수 있다.	-는 걸 보니 -기만 하면 되다	직업 가치관의 변화
	<2> 고향에 있을 때 요리를 자주 하곤 했습니다.	아르바이트 면접을 준비하고 경험을 소개할 수 있다.	-곤 하다 -건 -건	
16과 고민과 조언	<1> 관심 없는 척하고 지내는데 힘드네요	고민을 말하고 조언을 구할 수 있다.	-는 사이에 -는 척하다	
	<2> 영화에 대해서 이야기해 보지 그래요?	고민을 듣고 적절한 조언을 해 줄 수 있다.	-지 그래요? -거든	

과	제목	학습 목표	문형	문화
17과 부탁과 거절	<1> 어려운 단어도 많고 해서 그러는데요	상황에 맞게 부탁할 수 있다.	-고 해서 -을지 모르겠다	부드러운 거절
	<2> 너네 집 근처에 싼 호텔도 있을 텐데	상대방이 섭섭하지 않게 거절할 수 있다.	-지 -을 텐데요	
18과 모임	<1> 간장게장이라는 음식이 맛있다고 해서 먹으러 가려고요	반 모임을 계획하고 제안할 수 있다.	-는다고 해서[1] -었다가[2]	
	<2> 대학원에 가기로 마음먹었다면 함께 준비합시다	공부 모임을 계획하고 제안할 수 있다.	-었다면 -을 수도 있다	
19과 놀이 문화	<1> 옛날에 여자아이들이 자주 했었대요	옛 놀이 방법을 설명할 수 있다.	을 가지고 -었었다	유익한 생활 정보
	<2> 연습하면 할수록 단어 실력이 좋아지겠네	단체 게임 방법을 설명할 수 있다.	이나[4] -을수록	
20과 생활 정보	<1> 제 강아지도 그 사람이 편한 모양이에요	일상 생활에 도움이 되는 어플을 추천할 수 있다.	-어 버리다 -는 모양이다	
	<2> 유학생 비자를 더 쉽게 받을 수 있었을 텐데요	유학 생활에 필요한 정보를 소개할 수 있다.	-었을 텐데요 만 하다	

차례

등장인물 | Main characters

에릭 파커
- 미국
- 한국어학당 학생
- 한국전자 직원

존 카마우
- 케냐
- 한국어학당 학생
- 교환학생

사토 유키
- 일본
- 한국어학당 학생
- 기자

리타오
- 중국
- 한국어학당 학생
- 대학 입학 예정자

노라 한슨
- 노르웨이
- 한국어학당 학생
- 대학원 입학 예정자

최주앙
- 브라질
- 한국어학당 학생
- 대학 휴학생

응웬 흐엉
- 베트남
- 한국어학당 학생

레오 마르탱
- 프랑스
- 한국어학당 학생
- 요리사

올리비아 스미스
- 호주
- 한국어학당 학생
- 외교관

이윤아
- 한국
- 대학생

정하늘
- 한국
- 대학생

김우진
- 한국
- 한국전자 직원

새 연세한국어

말하기와 쓰기 3-2

11과 새로운 경험

1. 한국말을 잘 못해도 봉사할 수 있다고 하던데 맞나요?

• 학습 목표: 공공기관에 필요한 정보를 문의하고 소개할 수 있다.

Ⅰ. 준비해 봅시다

교육 봉사

한국어 교실

벼룩시장

일자리 상담

- 어느 활동에 관심이 생깁니까?
- 여러분 나라에는 외국인을 위한 공공기관이 있습니까? 어떤 활동을 합니까?

II. 표현해 봅시다

1 그림과 같이 대화해 봅시다.

문의 좀 하려고 하는데요.
① 한국말을 잘 못해도
봉사할 수 있다고 하던데 맞나요?

네, ② 한국말을 대강 알아들을 수 있으면
가능해요. ③ 활동이 끝나는 대로
봉사활동 확인서도 받을 수 있고요.

어떤 ④ 봉사 활동이 있어요?

⑤ 초등학생들한테 자기 나라를
소개하고 같이 놀아 주는
교육 봉사 프로그램이 있어요.

신청하고 싶은데
어떻게 하면 돼요?

⑥ 이 서류에
이름과 연락처를 쓰세요.
오리엔테이션에도 오시고요.

1)
① 외국인 벼룩시장 행사가 있다
② 매달 셋째 주 일요일에 한옥 마을에서 열리다
③ 행사가 끝나다 / 뒤풀이도 하다
④ 물건을 팔 수 있다
⑤ 직접 만든 물건이나 자기 나라 기념품을 팔 수 있다
⑥ 온라인으로 신청하다 / 행사 당일에는 잔돈과 봉투를 가지고 오다

2)
① 한국어 교실이 무료이다
② 등록비 3만원을 내시면 교과서를 그냥 드리다
③ 80% 출석이 확인되다 / 등록비도 돌려드리다
④ 수업이 있다
⑤ <생활 한국어>와 <토픽(TOPIK)> 수업이 있다
⑥ 직접 와서 신청하고 시험을 보다 / 신분증과 증명사진을 가지고 오다

문의하다 봉사 대강 알아듣다 초등학생 당일 잔돈 돌려 드리다 증명사진

3)
1. 외국인에게 일자리를 소개해 주는 행사가 있다
2. 다음 달에 외국인을 뽑고 싶어 하는 회사들이 한자리에 모이다
3. 서류를 내다 / 면접도 볼 수 있다
4. 서류가 필요하다
5. 이력서와 자기 소개서를 내야 하다
6. 행사 당일에 등록하다 / 꼭 정장을 입고 오다

4)
1. 케이팝(K-POP)을 배울 수 있는 수업이 있다
2.
3.
4.
5.
6.

2 서울글로벌센터(global.seoul.go.kr) 사이트를 찾아본 친구에게 참가하고 싶은 활동에 대해서 묻고 자신의 대답을 정리해서 보기 와 같이 발표해 봅시다.

어떤 프로그램에 참가하고 싶어요?	☑ 봉사 활동 ☐ 한국어 교실 ☐ 외국인 일자리 상담	☐ 외국인 벼룩시장 ☐ 케이팝 교실 ☐ 기타 ________
어떻게 신청하면 돼요?	☐ 행사장에 직접 가기 ☐ 이메일이나 전화로 신청 ☑ 서울글로벌센터 사이트에서 신청 ☐ 서울글로벌센터에 직접 찾아가기	
언제 신청해야 해요?	· 두 달에 한 번 신청 기간이 있으니까 사이트에 들어가서 확인한다.	
무엇을 하는 활동이에요?	· 한국 초등학생에게 우리나라의 문화를 소개하고 같이 논다. · 피피티(PPT)를 만들어서 발표한다.	
그걸 하면 좋은 점이 뭐예요?	· 한국 아이들을 만날 수 있고 한국어로 이야기할 수 있다. · 봉사활동 확인 서류를 받을 수 있다.	

일자리 이력서 케이팝

보기

글로벌센터 방문 경험

안녕하세요? 여러분도 '서울글로벌센터'라는 사이트에 들어가 보셨지요? 외국인의 한국 생활에 도움이 되는 사이트라고 생각해요. 특히 저처럼 봉사활동에 관심이 있는 사람들에게는 정말 좋은 사이트예요. 여러 가지 봉사 프로그램 중에서 저는 교육 봉사활동을 신청했어요. 홈페이지의 봉사활동 게시판에 들어가면 쉽게 신청할 수 있어요. 한국 아이들을 만나서 한국어로 이야기도 하고 봉사활동 확인 서류도 받을 수 있으니까 좋을 것 같아요. 제가 신청한 봉사활동은 아동 센터에 있는 초등학생에게 외국인이 자기 나라를 소개하고 같이 놀아 주는 거예요. 피피티(PPT)로 자료를 만들어서 보여 줘야 하니까 준비가 좀 필요해요. 하지만 한국말을 잘 못해도 괜찮다고 하던데 저랑 같이 해 보실래요?

3 보기 와 같이 발표 내용에 대해 이야기해 봅시다.

보기

가: 한국말로 학생들과 노는 게 힘들지 않을까요?

나: 학생들한테 우리나라 말을 가르쳐 주고 우리가 모르는 한국말을 학생들한테서 배우면 재미있는 시간이 될 것 같아요.

III. 정리해 봅시다

서울글로벌센터 홈페이지에 들어가서 관심 있는 프로그램에 신청서를 써 봅시다.

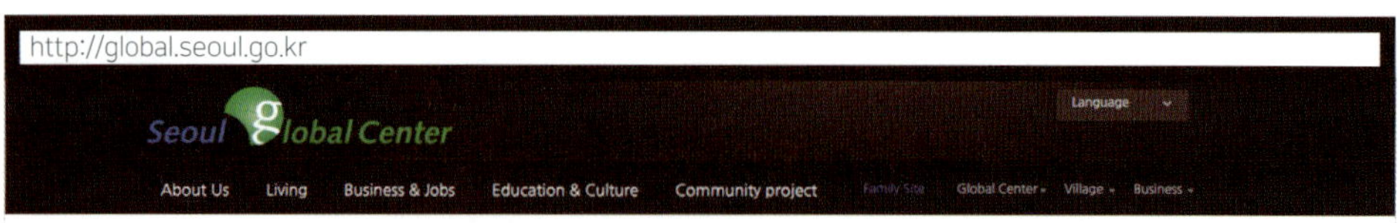

게시판 프로그램 신청하기 등록

제목

교육 아동

11과 새로운 경험

2. 생각보다 시간이 오래 걸리기는 했지만 재미있었어요

• 학습 목표: 문화 체험 프로그램을 추천할 수 있다.

Ⅰ. 준비해 봅시다

템플스테이

한복 체험

김치 만들기

제이에스에이(JSA) 구경

- 어느 문화 체험을 해 보고 싶습니까?
- 여러분이 해 본 문화 체험 중에서 추천해 주고 싶은 것이 있습니까?

II. 표현해 봅시다

1 그림과 같이 대화해 봅시다.

타오 씨, 주말에 뭐 했어요?

① 토요일에 DMZ에 가서 한국 역사에 대해서 배웠는데 참 좋았어요.

저도 ② 가 보고 싶었는데 아직 못 가 봤어요. 거기서 뭘 했어요?

③ 북한과 제일 가까운 기차역에 갔어요. ④ 전망대에서 북한도 직접 봤고요.

⑤ 하루에 다 보고 오다니 힘들었을 것 같아요.

⑥ 좀 멀기는 했지만 의미있는 시간이었어요. ⑦ 한국 역사와 정치에 관심 있는 사람들에게 추천해 주고 싶어요.

저도 체험해 보고 싶어요.

1)
① 일요일에 전통주 박물관 / 막걸리의 역사에 대해서 배우다
② 얘기는 많이 듣다
③ 막걸리를 직접 만들어 봤다
④ 술자리 예절도 배웠다
⑤ 직접 막걸리를 만들다 / 쉽지 않다
⑥ 생각보다 시간이 오래 걸리다 / 재미있다
⑦ 술을 좋아하다

2)
① 1박 2일로 절 / 템플스테이를 하면서 푹 쉬다
② SNS에서 보다
③ 스님한테서 좋은 말씀을 들었다
④ 스마트폰을 사용하는 대신 명상을 많이 했다
⑤ 스마트폰 없이 이틀을 보내다 / 답답하다
⑥ 바깥 소식이 좀 궁금하다 / 스트레스가 풀리다
⑦ 휴식이 필요하다

전망대 추천하다 전통주 절 템플스테이 스님 명상하다 바깥 휴식 체험

3)
1. 토요일에 김치 박물관 / 여러 가지 김치 종류를 구경하다
2. 광고를 본 적이 있다
3. 김치를 직접 만들어서 먹어 봤다
4. 김치가 건강에 좋은 이유도 배웠다
5. 김치를 직접 담그다 / 고생하다
6. 만들기가 좀 번거롭다 / 한국의 음식 문화를 잘 이해할 수 있다
7. 요리에 관심이 있다

4)
1. 토요일 오후에 사물놀이 학원
2.
3.
4.
5.
6.
7.

2 문화 체험에 대해서 친구에게 묻고 자신의 대답을 정리해서 보기 와 같이 함께 가자고 권하는 말을 해 봅시다.

어떤 체험을 해 보고 싶어요?	□ 템플스테이 ☑ 제이에스에이(JSA) 투어 □ 김치 만들기 □ 사물놀이 배우기 □ 막걸리 만들기 □ 박물관 관람 □ 기타 ________	
누구에게 권하고 싶어요?	· 역사와 정치에 관심 있는 사람	
일정이 어떻게 돼요?	· 매주 토요일 8:00~15:00 시청 앞에서 버스로 이동 · 평화 공원, 제3땅굴, 전망대, 공동경비구역(JSA)	
좋은 점은 뭐예요?	· 자유와 평화에 대해 생각해 볼 수 있다. · 한국에서만 할 수 있는 특별한 체험이다.	
힘든 점은 뭐예요?	· 좀 멀다. · 사진을 찍으면 안 되는 곳이 있어서 좀 긴장된다.	
준비할 것이 있어요?	· 여권을 가지고 가야 한다.	

김치를 담그다 평화 땅굴 공동경비구역

보기

같이 하고 싶은 문화 체험

안녕하세요? 시험공부 때문에 여러분도 스트레스를 많이 받았지요? 저랑 같이 특별한 체험을 하러 갑시다. 공동경비구역(JSA)에 대해서 들어 봤어요? 거기가 파주에 있어서 좀 멀기는 하지만 한국 역사와 정치에 관심 있는 친구들이 같이 가면 좋을 것 같아요. 미리 신청하고 가면 시청 앞에 관광버스가 준비되어 있대요. 먼저 평화공원에 들렀다가 제3땅굴과 전망대도 방문하는 일정이에요. 전망대에서는 북한을 직접 볼 수 있대요. 그 다음에 한국에서 가장 북쪽에 있는 기차역에 갈 거예요. 남한에서 북한으로 갈 수 있는 첫 번째 역이에요. 마지막 일정으로 공동경비구역에 가는데 좀 긴장은 되겠지만 무서워할 필요는 없을 것 같아요. 신분 확인이 필요해서 거기에 갈 때는 여권을 꼭 가지고 가야 한대요. 관심 있는 분은 이번에 신청해서 저하고 같이 가요.

3 보기 와 같이 발표 내용에 대해 이야기해 봅시다.

보기

가: 이 문화 체험 프로그램에 대해서 어떻게 알게 되었어요?

나: TV 여행 프로그램을 보고 알았어요.

III. 정리해 봅시다

문화 체험을 가자고 권하는 이메일을 써 봅시다.

YONSEI EMAIL

보낸 사람 john316@yonsei.ac.kr

제 목 저랑 같이 특별한 문화 체험을 하러 갑시다!

지난 학기 2급 5반 친구 여러분, 그동안 잘 지냈나요?

12과

여행

1. 외국인도 먹을 만한 음식은 어디에서 팝니까?

• 학습 목표: 관광 안내소에 모르는 것에 대해 문의할 수 있다.

Ⅰ. 준비해 봅시다

- 이 사람들의 직업은 무엇일까요?
- 여러분은 여행지에서 길을 잃으면 어떻게 합니까?

II. 표현해 봅시다

1 그림과 같이 대화해 봅시다.

뭐 좀 여쭤 보려고 하는데요.
① 연세 백화점을 찾고 있는데
어느 쪽으로 가야 합니까?

② 앞으로 쭉 가시다가 편의점에서
오른쪽으로 가시면 보입니다.

하나만 더 여쭤볼게요.
③ 제가 매운 음식을 잘 못 먹는데요.
④ 외국인도 먹을 만한 음식은
어디에서 팝니까?

⑤ 시장 안에 가볍게 먹을 만한 음식을
파는 가게가 많답니다. 여기 팸플릿이
있으니까 한번 읽어 보세요.

감사합니다. 관광 지도도
무료로 가지고 갈 수 있나요?

1)
① 시티투어버스 정류장에 가려고 하다 / 어느 길
② 이 길로 조금만 가다 / 정류장이 있다
③ 시간이 한 시간 정도 남았다
④ 이 근처에 가다 / 관광지가 있다
⑤ 광화문 호텔 옆에 면세점도 있고 한복 체험관도 있다

2)
① 한국 도자기 박물관이 이 근처에 있다고 들었다 / 어디
② 이 길로 계속 가셔서 저기 보이는 카페에서 오른쪽으로 돌다 / 있다
③ 박물관 근처에 한옥 호텔이 있다고 들었다
④ 침대 생활을 하는 사람도 자다 / 호텔이다
⑤ 외국인 관광객들이 아주 좋아하는 곳이다

팸플릿 부 시티투어버스

3)
1. 이 근처에 있다고 하는 마샤 화장품 가게에 가려고 하다 / 어느 방향
2. 이 길로 50미터쯤 내려가신 후 모자 가게에서 왼쪽으로 가다 / 세 번째 가게이다
3. 제가 너무 오래 걸어서 그렇다
4. 이 근처에 앉아서 쉬다 / 공원이 있다
5. 조금만 가시면 호수 공원이 있는데 서울 시민들의 휴식 공간으로 유명하다

4)
1. 카카오 인형 매장을 찾고 있다 / 어느 쪽
2.
3.
4.
5.

2 여행지에서 도움 받은 경험에 대해서 친구에게 묻고 자신의 대답을 정리해서 보기 와 같이 발표해 봅시다.

어디로 여행을 갔어요?	☑ 서울 ☐ 부산 ☐ 제주도 ☐ 전주 ☐ 속초 ☐ 기타 ________
어떤 어려움이 있었어요?	☑ 길 찾기가 힘들었다. ☐ 알려지지 않은 맛집이 궁금했다. ☐ 목적지에 가장 빨리 가는 방법을 알고 싶었다. ☐ 기타 ________
누구한테서 도움을 받았어요?	☑ 관광안내소 직원 ☐ 지나가는 사람 ☐ 호텔 직원 ☐ 근처 가게 직원 ☐ 기타 ________
어떤 도움을 받았어요?	· 길을 가르쳐 주었고 팸플릿도 챙겨 주었다.

공간 챙기다 목적지

보기

여행지에서 받은 도움

여러분은 관광지에서 안내소를 이용해 보신 적이 있으세요? 처음 가는 관광지에서는 아무리 여행 계획을 잘 세우고 가도 길을 잘 못 찾을 때가 많지요. 그럴 때 관광 안내소를 이용하면 큰 도움이 된답니다. 요즘 서울에서는 빨간 옷을 입은 안내원들이 안내소 밖으로 나와서 외국인에게 도움을 줘요. 그 분들을 움직이는 관광 안내소라고 부르는데 저도 명동에 있는 백화점에 갈 때 움직이는 관광 안내소를 이용한 적이 있어요. 가기 전에 지도도 확인하고 블로그도 찾아서 읽고 갔지만 명동역에 내리니까 어디가 어딘지 잘 모르겠던데요. 길이 복잡해서 백화점을 찾기가 더 어려웠어요. 그런데 마침 빨간 조끼를 입은 관광 안내원들을 거리에서 만나서 길을 물어볼 수 있었어요. 근처에 외국인들도 먹을 만한, 맵지 않은 음식을 파는 데가 있는지도 물어 봤고요. 안내원이 저희들에게 친절하게 설명을 해 주었고 팸플릿도 많이 챙겨 주었어요. 안내원 덕분에 백화점에 쉽게 찾아갈 수 있었어요. 여러분도 서울 시내 여행을 하다가 길을 못 찾으면 근처에 움직이는 관광 안내소 직원들이 있는지 찾아보세요. 빨간 조끼를 입은 그 직원들에게 물어 보면 목적지를 쉽게 찾을 수 있을 거예요.

3 보기 와 같이 친구의 발표를 듣고 이야기해 봅시다.

보기

가: 저도 길을 못 찾아서 고생한 적이 있었는데 그때 저는 지나가는 사람에게 길을 물어봤어요.

나: 주변에 관광 안내소가 있으면 꼭 들어가 보세요. 정말 친절하게 안내해 주고 관광할 때 필요한 쿠폰이랑 책자 같은 것도 잘 챙겨줘요.

III. 정리해 봅시다

관광지에서 안내소 직원을 만나면 물어볼 만한 질문을 적어 봅시다.

① 길을 잃었는데 남대문 시장으로 가려면 어느 쪽으로 가야 합니까?	②	③

안내원 조끼 쿠폰 책자

12과

여행

2. 차이나타운이며 근대거리며 볼거리가 많던데요

• 학습 목표: 인상적이었던 여행 경험을 소개할 수 있다.

I. 준비해 봅시다

- 흐엉 씨는 무엇을 하고 있습니까?
- 여러분이 한국에서 가 보고 싶은 여행지는 어디입니까?

II. 표현해 봅시다

1 그림과 같이 대화해 봅시다.

지금 뭐 하고 있어요?

인터넷으로 ① 주말에 갈 만한 곳을 찾고 있었어요. 인천에 한번 가 보고 싶은데 혹시 가 봤어요?

네, ② 지난 방학에 갔다 왔어요. 차이나타운이며 근대거리며 볼거리가 많던데요.

① 인천은 ③ 볼거리가 많을 뿐만 아니라 먹을거리도 많다고 하던데 진짜 그래요?

네, ④ 맛집과 명소가 많은 관광지니까 꼭 갔다 오세요. ⑤ 지하철 1호선을 타고 동인천역에서 내리면 돼요.

네, 안 그래도 어떻게 가는지 검색해 보려고 했는데 알려줘서 고마워요.

1)
① 여름 방학에 가서 놀다 / 강릉
② 지난 봄방학 / 산 / 바다 / 경치가 참 좋다
③ 공기가 좋다 / 바닷물도 깨끗하다
④ 한국의 대표적인 휴양지이다
⑤ 고속버스 / 강릉 시외버스 터미널

2)
① 연휴에 놀러 가다 / 대구
② 지난 주말 / 동성로 / 김광석 거리 / 다 재미있다
③ 맛집이 많다 / 유명한 커피숍도 꽤 있다
④ 먹거리뿐만 아니라 유적지도 많다
⑤ KTX / 동대구역

근대 먹거리 휴양지

3)
1 이번 황금연휴에 다녀오다 / 춘천
2 한 달 전 / 닭갈비 / 막국수 / 거기 음식은 다 맛있다
3 음식이 맛있다 / 볼거리도 많다
4 호수가 아름다울 뿐만 아니라 관광 명소도 많다
5 청춘열차 / 춘천역이나 남춘천역

4)
1 시험 끝난 후에 하루 일정으로 갔다 오다 / 부산
2
3
4
5

2 여행한 경험에 대해서 친구에게 묻고 자신의 대답을 정리해서 보기 와 같이 발표해 봅시다.

언제 여행을 갔어요?

· 지난 주말

무엇을 타고 갔어요?

· 지하철

가서 무엇을 했어요?

· 근대거리 구경
· 짜장면과 회를 먹음

여행지	· 인천	
그곳의 역사	· 외국인이 많이 살아왔고 역사적인 사건도 있었으며 서양식 공원이 처음 생긴 곳이다.	
인상적인 점	· 차이나타운이며 근대거리며 볼거리가 많을 뿐만 아니라 먹을거리도 많다.	

황금연휴　명소　청춘열차　사건　지붕

보기

소개하고 싶은 여행 경험

저는 지난 주말에 인천에 갔다 왔어요. 인천에는 차이나타운이며 근대거리며 볼거리가 아주 많았어요. 인천은 옛날부터 많은 외국인들이 모여서 살아온 곳이고 역사적인 사건도 많이 일어난 곳이래요. 한국에서 처음으로 서양식 놀이 공원이 만들어진 곳도 인천이래요.

저는 지하철 1호선을 타고 동인천역에서 내렸어요. 차이나타운에 가니까 마치 중국의 옛날 거리처럼 금색과 빨간색 지붕을 올린 건물이 굉장히 많았어요. 차이나타운 옆에는 근대거리가 있어서 나무로 만든, 1930년대 한국 건물들의 모습을 볼 수 있었어요. 한국의 옛날 건물들은 거의 다 나무로 만들어졌던데요.

인천에는 볼거리뿐만 아니라 먹을거리도 많았어요. 저는 세상에서 가장 맛있는 짜장면과 회를 인천에서 먹었어요. 인천은 서울에서 가까운 편이고 지하철로 가기에도 편하니까 여러분도 주말에 한번 다녀오시기 바랍니다.

3 친구의 발표를 듣고 이야기해 봅시다.

보기

가: 진짜 재미있었겠네요. 그런데 차이나타운은 전 세계에 어디든지 있는 것 같아요.

나: 네, 그런데 세상에서 제일 맛있는 짜장면 집은 인천 차이나타운에만 있어요.

III. 정리해 봅시다

한국에서 가 본 여행지를 소개해 봅시다.

내 블로그 | 이웃 블로그 | 블로그홈 로그아웃

프롤로그 | 블로그

"오늘 멋진 곳에 다녀왔어요"

복습 11-12과

1 미선과 웨이는 신혼여행을 준비합니다. 웨이는 하와이에, 미선은 파리에 가고 싶어 합니다. 두 사람이 어디로 신혼여행을 가는 것이 좋을지 이야기해 보십시오.

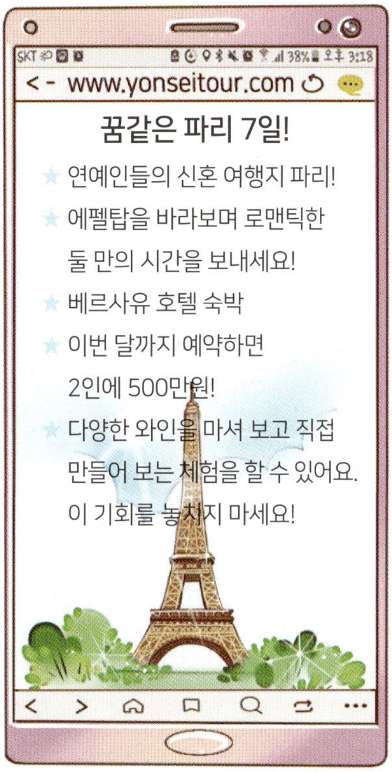

2 웨이와 미선은 신혼 여행지를 결정했습니다. 여행사에다가 신혼 여행지를 예약하고 문화체험 프로그램을 문의하기 위해 보내는 이메일을 써 봅시다.

YONSEI EMAIL

FROM

TO manager@yonseitour.com

제 목

문화

전통 문화 체험

서울은 복잡하고 현대화된 도시이지만 곳곳에서 전통적인 매력도 찾아볼 수 있다. 서울의 빌딩 숲 사이에 있는 고궁이나 한옥 마을에 가 보면 "다른 시대에 와 있는 것 같다"는 말이 저절로 나온다. 한옥은 자연을 그대로 두고 자연에 어울리게 집을 짓는 것이 특징이다. 그래서 한옥을 구경하는 사람들은 "와, 집 안에서 하늘이 보인다.", "마루에서 흙냄새를 맡을 수 있네.", "햇빛이 잘 든다."며 놀라움을 표현한다. 요즘은 한옥 게스트하우스, 한옥 카페, 한옥 노래방 등 한옥이 다양한 모습으로 활용되고 있다. 또한 서울 도심에서 한복을 입고 고궁과 한옥 마을을 둘러보는 사람들이 자주 눈에 띈다. 젊은이들에게 한복을 입고 '인생 사진'을 찍는 것이 전통 문화 체험 중 하나가 된 지 오래되었다. 한복을 입은 사람에게는 고궁 입장료도 무료이니까 한번 체험해 보면 좋은 추억이 될 것이다.

13과 쇼핑

1. 이 사이트는 값이 싸기도 하고요

• 학습목표: 인터넷 쇼핑의 장단점을 비교할 수 있다.

Ⅰ. 준비해 봅시다

- 누가 제일 싸게 옷을 살 것 같습니까?
- 여러분은 쇼핑을 할 때 무엇을 가장 중요하게 생각합니까?

Ⅱ. 표현해 봅시다

1 그림과 같이 대화해 봅시다.

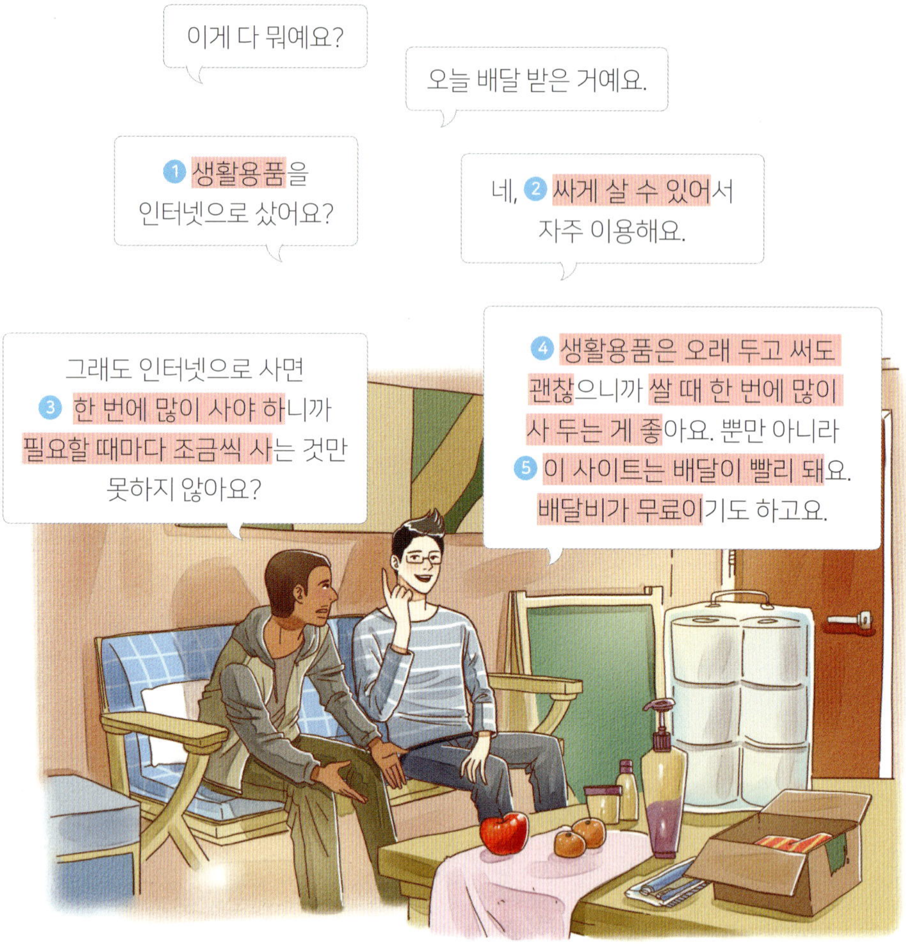

1)
① 식품
② 늦은 시간에도 장을 볼 수 있다
③ 상할 수도 있다 / 직접 가서 사다
④ 이 사이트는 농사 짓는 사람들이 직접 만들어서 팔다 / 믿을 수 있다
⑤ 이 사이트에는 상품 사진이 보기 쉽게 정리돼 있다 / 상품 정보가 자세하다

2)
① 의류
② 시간을 아낄 수 있다
③ 사이트마다 치수가 다를 수 있다 / 직접 입어보고 사다
④ 치수가 맞지 않으면 일주일 이내에 교환이 가능하다 / 괜찮다
⑤ 단골 사이트가 생기면 치수 걱정을 안 해도 되다 / 포인트가 쌓이다

사이트 농사 의류 단골 포인트

3)
1 화장품
2 많이 사면 무료로 배달을 해 주다
3 직접 발라 볼 수 없다 / 매장에서 직접 발라 보고 사다
4 화장품은 안 사도 매장에서 얼마든지 발라 볼 수 있다 / 제품 이름만 알아두면 되다
5 인터넷 사이트는 물건 가격을 서로 비교해 주다 / 제품 종류가 많다

4)
1 고향에 가지고 갈 선물
2
3
4
5

2 인터넷 쇼핑 경험에 대해서 친구에게 묻고 자신의 대답을 정리해서 보기 와 같이 발표해 봅시다.

인터넷 쇼핑의 좋은 점은 뭘까요?

☑ 무료로 배달해 준다.
☑ 포인트를 쌓을 수 있다.
☐ 다양한 정보를 얻을 수 있다.
☐ 원하는 시간에 쇼핑할 수 있다.
☑ 제일 싼 가격으로 구입할 수 있다.
☐ 기타 ________________

인터넷 쇼핑으로 사서 실패한 물건이 뭐예요?

신발

인터넷 쇼핑으로 사서 성공한 물건은 뭐예요?

생활용품

실패한 경험	· 친구가 소개해 준 사이트에서 신발을 샀는데 치수가 잘 맞지 않았다.	
성공한 경험	· '다있어' 사이트는 가격이 싸기도 하고 조금만 사도 배달을 해 줘서 즐겨 이용한다. · 물건을 살 때마다 현금처럼 쓸 수 있는 포인트를 쌓을 수 있다.	

보기

인터넷 쇼핑 경험

저는 인터넷 쇼핑에서 실패한 경험부터 말씀 드리겠습니다. 보통 저는 뭐든지 매장에 직접 가서 사요. 특히 신발은 신어 보고 사는 것을 좋아해요. 친구가 소개해 준 인터넷 사이트에서 신발을 한 번 사 봤는데 치수가 잘 맞지 않아서 바꾼 적이 있어요. 그래서 인터넷으로 신발을 사는 것은 직접 신어 보고 사는 것만 못하다고 생각했어요.

그런데 생활용품들은 인터넷으로 사는 게 편리한 것 같아요. 제가 생활용품을 살 때마다 자주 이용하는 사이트가 있어요. 바로 '다있어' 사이트인데 이 사이트는 한 화면에서 같은 제품의 여러 가격을 한꺼번에 보여 줘요. 인터넷으로 사는 생활용품은 가격이 싸기도 하고 배달도 되니까 좋아요. 물건을 살 때마다 현금처럼 사용할 수 있는 포인트가 쌓이는 것도 큰 장점이고요. 제가 오늘 소개해 드린 사이트를 꼭 한번 이용해 보세요. 후회하지 않으실 겁니다.

3 보기 와 같이 발표 내용에 대해 이야기해 봅시다.

보기

가: 저도 인터넷으로 물건을 많이 사는 편인데요. 그런데 아직 포인트를 어떻게 현금처럼 쓸 수 있는지는 잘 모르겠어요.

나: 쌓인 포인트가 1,000점 이상이 되면 1,000원처럼 현금으로 쓸 수 있어요. 결제할 때 쌓인 포인트를 선택하면 포인트 숫자만큼 결제 금액이 깎여요.

Ⅲ. 정리해 봅시다

인터넷으로 쇼핑한 후 게시판에 글을 남기고 포인트를 쌓아 봅시다.

상품명

상품 ★★★☆☆ 도착 ★★★☆☆

후회하다 금액

13과

쇼핑

2. 받은 상품에 이상이 있거나 하면 교환해 주시죠?

• **학습목표:** 상품의 교환이나 환불을 요청할 수 있다.

Ⅰ. 준비해 봅시다

주문: 여행 가방 **도착:** 많이 긁힘

주문: 올해 9.20 제조 화장품
도착: 재작년 9.20 제조 화장품

주문: 남색 **도착:** 회색

주문: 5 kg **도착:** 3 kg

- 인터넷으로 물건을 살 때 어떤 문제가 생길 수 있습니까?
- 인터넷으로 산 물건을 교환할 때 불편한 점은 무엇입니까?

Ⅱ. 표현해 봅시다

1 그림과 같이 대화해 봅시다.

사랑과 정성으로 모시겠습니다. '다있어' 쇼핑몰입니다.

그저께 ❶ 여행 가방을 주문했는데요, 받은 상품에 이상이 있거나 하면 교환해 주시죠?

그럼요. 그런데 ❷ 그럴 리가 없을 텐데요.

❸ 저도 가격에 비해 품질이 좋아 보여서 주문을 했는데 긁힌 게 왔네요.

고객님, 죄송합니다만 ❹ 배달되는 동안 생긴 문제인 것 같습니다.

❺ 긁힌 가방은 사용하고 싶지 않은데 제가 돌려 보내면 새것을 받을 수 있나요?

물론이지요. 이번 문제는 ❻ 배달 과정의 잘못으로 문제가 생겼기 때문에 반송비도 당연히 없습니다.

1)
- ❶ 275mm 운동화 / 치수가 안 맞다
- ❷ 저희 회사 치수는 정확하다
- ❸ 9.5인치가 맞을 것 같다 / 신어보니까 크다
- ❹ 한국 치수와 외국 치수가 정확하게 맞지 않을 수 있다
- ❺ 275mm는 제 발에 맞지 않다 / 270mm
- ❻ 고객님의 주문 잘못 / 반송비는 따로 내셔야 하다

2)
- ❶ 로션 / 제품이 만들어진 지 오래 되다
- ❷ 신제품이 갔다
- ❸ 저도 이 사이트는 믿을 만하다 / 2년 전 제품이 오다
- ❹ 물류 센터에서 실수로 제품을 잘못 보낸 것 같다
- ❺ 이건 회사 쪽의 잘못이다 / 신제품
- ❻ 저희의 실수 / 회사에서 반송비를 내는 것은 물론 서비스 제품도 더 보내 드리겠다

정성　쇼핑몰　품질　고객　반송　치수　물류

3)

1 반팔 티셔츠 / 주문한 것과 다른 것이 오다
2 고객님이 주문하신 대로 배달되었다
3 화면에서는 남색으로 보이다 / 회색 티셔츠가 도착하다
4 화면에서 보시는 거하고 실제 색깔이 조금 다를 수가 있다
5 회색은 마음에 안 들다 / 남색
6 고객님의 실수 / 반송비는 고객님이 내셔야 하다

4)

1 쌀 / 주문한 것보다 적은 게 오다
2
3
4
5
6

2 구매한 상품을 교환하거나 환불 받은 경험에 대해서 친구에게 묻고 자신의 대답을 정리해서 보기 와 같이 문의하는 글을 써 봅시다.

언제 교환이나 환불을 하나요?

☐ 배달이 너무 늦다. ☑ 상품에 이상이 있다.
☐ 주문한 것과 다른 치수가 왔다.
☐ 주문할 때와 다른 색깔이 왔다.
☐ 기타 ____________________

어떤 물건을 샀을 때 문제가 있었어요?

배달된 여행 가방이 긁혀 있었다.

어떻게 해 달라고 부탁했어요?

새 가방으로 바꿔 달라고 했다.

제목	· 새 가방은 언제 도착하나요?	
상품	· 빨간색 여행 가방	
반송 이유	· 가방이 긁혀 있었다.	
문의	· 반송비는 무료인지 확인하고 싶다. · 새 가방은 언제 도착하는지 알고 싶다.	

반팔 실제 환불

보기

제목	새 가방은 언제 도착하나요?
	사흘 전에 쇼핑몰 직원과 통화를 했는데 지금까지 아무 연락도 못 받아서 이렇게 게시판에 다시 글을 남깁니다. 지난주에 빨간색 여행 가방을 주문했는데 겉면이 긁혀 있는 가방을 받았습니다. 그래서 쇼핑몰 직원과 통화한 후 바로 반송했습니다. 그 직원은 가방이 택배로 배달되는 동안 문제가 생긴 것 같다고 했습니다. 배달 과정에 문제가 있었기 때문에 반송비도 당연히 없다고 했고요. 상품에 이상이 있거나 배달 과정에서 잘못되거나 하면 무료로 교환해 준다고 홈페이지에도 쓰여 있던데요. 다음 주에 사용할 거니까 이번 주 안에 새 가방을 받고 싶습니다. 반송된 것은 잘 도착했는지 새 가방은 언제 도착하는지 미리 알려 주시면 감사하겠습니다. 빠른 답변 부탁드립니다.

3 보기 와 같이 친구의 글을 읽고 이야기해 봅시다.

보기

가: 저는 지난번에 인터넷으로 산 신발을 교환할 때 일주일이나 걸렸어요.

나: 그래요? 인터넷에 게시글도 썼으니까 빨리 연락이 왔으면 좋겠어요.

III. 정리해 봅시다

인터넷으로 주문한 제품의 반송 신청서를 써 봅시다.

산 곳	
반송 이유	
☐ 교환	보내실 상품: 받으실 상품:
☐ 환불	보내실 상품:
환불 받을 계좌번호	은행명/계좌번호/예금주

긁히다

14과

초대

1. 이번 행사를 준비하느라고 오늘 점심 먹을 시간도 없었어요

• 학습 목표: 행사에 대해서 설명하고 초청할 수 있다.

Ⅰ. 준비해 봅시다

- 어느 국제교류행사에 가 본 적이 있습니까?
- 여러분은 국제교류행사에 대한 정보를 어디에서 찾아봅니까?

Ⅱ. 표현해 봅시다

1 그림과 같이 대화해 봅시다.

1)
- ❶ 굉장히 바쁘다
- ❷ 벼룩시장을 열어서 사용하던 물건을 싸게 팔고 사다
- ❸ 쓰던 물건을 팔다
- ❹ 여러 나라의 공예품도 판매하다 / 마음에 드는 게 있으면 사다
- ❺ 일찍 가야겠다

2)
- ❶ 수업에도 못 가다
- ❷ 한국에서 구하기 힘든 프랑스 요리 재료들을 판매하다
- ❸ 행사장에서 프랑스 치즈를 구하다
- ❹ 간단한 프랑스 요리도 만들어 먹다 / 점심은 먹지 말고 오다
- ❺ 아침도 굶고 가야겠다

시식하다 굉장히 공예품 굶다

3)
1. 정신이 하나도 없다
2. 세계 여러 나라의 전통 옷을 보여주고 입어 보게 하다
3. 여러 나라의 전통 옷들을 한자리에서 입어 보다
4. 전통 옷 입는 방법도 가르쳐 주다 / 관심 있는 친구들과 함께 오다
5. 우리나라 전통 옷도 가지고 가야겠다

4)
1. 날마다 집에 늦게 들어가다
2.
3.
4.
5.

2 하고 싶은 행사에 대해서 친구에게 묻고 보기 와 같이 대화해 봅시다.

무슨 행사를 하고 싶어요?	□ 벼룩시장　□ 세계 문화　□ 세계 여행 □ 세계 영화 감상　□ 세계의 전통 의상　□ 세계의 집밥 ☑ 세계 음식 문화　□ 기타 ________	
무엇을 준비할까요?	· 세계의 집밥 맛보기 · 행사장에서 식사 (포장 가능) · 요리 방법과 식사 예절 소개	
어떻게 알릴까요?	· 초대장을 만들어서 나눠 준다.	

정신

보기

가: 이번에 하는 국제교류행사에 우리 반도 참가하면 어떨까?
나: 좋아. 재미있을 것 같아. 그런데 어떤 행사를 준비하면 좋을까?
가: 우리 반에 요리를 잘하는 친구들이 좀 있으니까 세계 여러 나라의 음식을 소개하는 게 어때?
나: 그거 좋겠다. 다른 나라의 집밥은 맛이 어떤지 나도 먹어 보고 싶었어.
가: 우리가 요리한 집밥을 조금씩 시식할 수 있게 하고 더 먹고 싶어 하는 사람은 그 자리에서 사 먹거나 포장해 갈 수 있게 준비하면 좋을 것 같아.
나: 음식을 먹는 방법이나 그 나라 식사 예절도 소개해 주면 재미있어할 거야.
가: 좋은 생각이야. 간단한 요리법도 가르쳐 주고.
나: 그런데 이렇게 열심히 준비했는데 손님이 많이 안 오면 어떡하지?
가: 그림을 잘 그리는 노라한테 부탁해서 초대장을 만들어 달라고 하자.
나: 그래. 초대장을 사진으로 찍어서 지난 학기 친구들의 단체 대화방에도 뿌려야겠다.

3 보기 와 같이 친구의 대화를 듣고 이야기해 봅시다.

보기

가: 음식은 어떻게 만들 거예요?
나: 자기 나라 친구들끼리 조를 짜서 자기 나라 음식을 만드는게 제일 맛있을 것 같아서 그렇게 하려고요.

Ⅲ. 정리해 봅시다

국제교류행사에 초대하는 초대장을 만들어 봅시다.

초대합니다

＿＿＿＿ 에게/께

＿＿＿＿＿＿＿＿＿＿

＿＿＿＿＿＿＿＿＿＿

날짜:

일시:

장소:

프로그램:

14과 초대

2. 가족들이 함께 나눠 먹을 만한 것을 사다가 드리세요

• 학습 목표: 방문 예절을 설명할 수 있다.

Ⅰ. 준비해 봅시다

- 한국의 방문 예절을 잘 지킨 사람은 어느 쪽입니까?
- 여러분은 윗사람의 집에 초대 받았을 때 선물로 무엇을 가지고 갑니까?

II. 표현해 봅시다

1 그림과 같이 대화해 봅시다.

❶ 우리 회사 부장님 댁에 초대를 받았는데 그냥 오래요. 정말 ❷ 빈손으로 가도 괜찮을까요?

❷ 빈손으로 가다니요? 그건 초대한 사람에 대한 예의가 아니에요.

그럼 뭘 가지고 가는 게 좋을까요?

❸ 가족들이 함께 나눠 먹을 만한 과일이나 케이크 같은 걸 사다가 드리세요. ❹ 사모님이 좋아하실 만한 꽃도 좋고요.

알겠어요. 근데 가서 인사는 뭐라고 하는 것이 좋아요?

❺ 초대해 주셔서 감사하다고 말하면 돼요.

1)
❶ 과장님 아들의 돌잔치
❷ 그냥 가다
❸ 아이가 입다 / 예쁜 옷
❹ 금반지
❺ 아기가 예쁘다고 하고 건강하게 잘 크기를 바라다

2)
❶ 형 친구의 피아노 발표회
❷ 아무 것도 안 가지고 가다
❸ 뒤풀이에서 같이 나누어 먹다 / 간식
❹ 꽃다발
❺ 초대해 줘서 고맙다고 하고 연주가 훌륭하다

근데

3)
1. 회사 선배 결혼식
2. 그냥 가서 축하만 하다
3. 결혼 후 자주 사용하다 / 소형 가전제품
4. 축의금
5. 결혼을 축하한다고 하고 행복하게 잘 살기를 빌다

4)
1. 이번 명절에 회사 동료 집
2.
3.
4.
5.

2 친구 나라의 방문 예절에 대해서 묻고 자신의 대답을 정리해서 보기 와 같이 발표해 봅시다.

어느 나라의 방문 예절을 잘 알아요?

· 한국

그 예절을 누구한테서 배웠어요?

· 한국 친구

식사 예절에는 어떤 것이 있어요?

· 밥을 남기지 않는다.
· 술잔이 빌 때 채운다.

방문할 곳	· 한국 직장 상사의 집	
선물	· 꽃, 과일, 케이크	
복장	· 양말을 꼭 신어야 한다.	
인사말	· 초대해 주셔서 감사합니다. · 잘 먹겠습니다. · 잘 먹었습니다.	

축의금

보기

나라마다 다른 방문 예절

저는 우리 회사 부장님 댁에 초대를 받았습니다. 한국 가정집에 초대 받은 것은 처음이라서 초대 받았을 때 지켜야 하는 예절을 한국 친구에게 물어 봤습니다.

여러분 나라에서도 초대를 받았을 때 빈손으로 가는 것은 예의가 아니지요? 한국에서도 직장 상사한테서 초대를 받으면 사모님이 좋아할 만한 꽃이나 과일, 케이크 같은 것을 사다가 선물로 드린대요. 선물을 드리면서 "초대해 주셔서 감사합니다."라고 인사를 하고요. 특히 윗사람 집에 초대를 받았다면 더운 날씨라고 해도 예의를 갖춰서 정장을 입고 양말도 신고 가래요. 평소에 양말을 잘 신지 않는다면 양말을 한 켤레 준비해 가서 집에 들어가기 전에 신고 들어가는 것이 예의래요.

식사를 할 때에는 제일 윗사람인 부장님께서 수저를 들고 식사를 시작하실 때까지 기다리래요. 식사를 시작하기 전에는 "잘 먹겠습니다."라고 인사하고 가능하면 밥과 국은 남기지 않는 것이 좋대요. 다 먹은 후에는 "잘 먹었습니다."라고 한 번 더 인사하래요. 이제 한국에서 웃어른 댁에 초대를 받아도 긴장하지 않고 잘 다녀올 수 있겠지요?

3 보기 와 같이 친구의 발표를 듣고 이야기해 봅시다.

보기

가: 선물은 사모님이 좋아하실 만한 것을 사다가 드리는 게 제일 좋은가요?

나: 네, 그렇게 하는 게 좋대요. 집으로 사람들을 초대하면 사모님이 식사를 준비하느라 수고를 많이 하시니까요.

III. 정리해 봅시다

오늘 배운 여러 나라의 방문 예절과 인사말을 여러분 나라에 소개해 봅시다.

______________에서 초대 받았을 때는 이렇게 인사하세요!	
가기 전에	
가서	
돌아올 때	

예절을 지키다　예의가 아니다　사모님　예의를 갖추다　웃어른

복습 13-14과

1 그림을 보고 보기 와 같이 대화하십시오.

정희와 밍밍은 미선과 웨이의 집들이에 초대를 받는다. 정희가 대표로 선물을 준비하기로 했지만 문화적으로 큰 실례가 되는 물건을 주문하고 만다. 그래서 정희는 주문한 상품을 다른 물건으로 교환하기 위해서 쇼핑 사이트 직원과 통화를 한다.

보기

웨이: 정희 씨, 다음 주 금요일에 저희 집 집들이를 하려고 하는데 밍밍하고 같이 올래요?

정희: 그래요? 전 시간 괜찮아요. 초대해 줘서 고마워요.

<잠시 후>

웨이: 밍밍, 나 웨이야. 다음 주 금요일에 집들이를 하는데 우리집에 올 수 있니?

밍밍: 네, 좋아요. 갈게요.

정희:

밍밍:

정희:

밍밍:

정희:

쇼핑 사이트 직원:

2 정희는 처음에 생각한 집들이 선물의 주문을 취소하고 다른 상품을 주문했습니다. 그런데 집들이 때까지 새로 주문한 선물을 배달 받을 수 없을 것 같습니다. 집들이가 끝나고 나서 며칠 후에 집들이 선물을 주겠다고 약속하는 문자메시지를 써 봅시다.

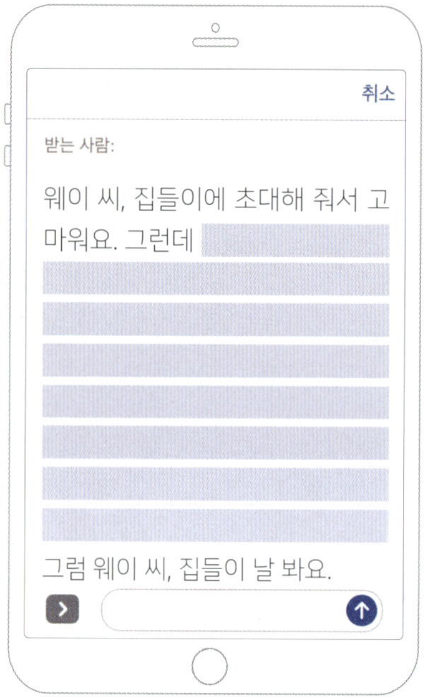

문화 쇼핑 트렌드 - 가성비

물건 가격이 3,000원 이하인 매장, 편의점 도시락, 로드샵 화장품, 유명 저가 의류. 이들의 공통점은 바로 저렴한 가격에 비해서 품질이 좋다는 점이다. 인터넷에 자주 접속하는 현대인이 가격 대비 만족도가 높은 제품에 대해 자발적으로 입소문을 내기 시작하면서 이러한 '가성비' 높은 제품의 경쟁력이 커지고 있다. 88만원 세대, N포세대, 비혼주의라는 말이 유행하게 된 최근의 경제 불황도 저가 상품 소비층 형성에 영향을 미쳤다. 친구가 가지고 있는 물건에 대해서 "그거 어디서 샀어? 그거 얼마 주고 샀어? 가성비 진짜 좋다."와 같이 말하면서 관심을 보인다면 자연스럽게 대화를 이어 나갈 수 있을 것이다.

여기 물건 가격은 모두 3,000원 이하예요.

편의점 도시락은 가격이 싸고 반찬이 많아서 좋아요.

한국의 로드샵 화장품은 가격이 저렴하고 품질도 좋아서 인기가 많아요.

여기 옷은 디자인이 멋있는데 가격도 싸서 즐겨 이용해요.

15과 일과 생활

1. 친구들이 신기해하는 걸 보니 우리나라에 수입해도 성공할 것 같아요

• 학습목표: 하고 싶은 일에 대한 계획을 소개할 수 있다.

Ⅰ. 준비해 봅시다

사업가

프로게이머

가이드

회사원

- 어느 일에 관심이 생깁니까?
- 여러분은 한국어를 배워서 무슨 일을 하고 싶습니까?

15-1

II. 표현해 봅시다

1 그림과 같이 대화해 봅시다.

주앙아, 한국어 공부를 마치고 뭘 할 거야?

❶ 전자 핫팩을 수입하는 사업을 하려고 준비 중이야.

와, 대단하네. 어떻게 그런 생각을 하게 됐어?

❷ 내 친구들이 그런 걸 신기해하는 걸 보니 우리 나라에 수입해도 성공할 것 같아서.

나도 ❸ 한국에서 처음 보고 진짜 신기하기는 했는데. 그래 준비는 잘되고 있어?

응, ❹ 사업 계획서는 다 만들었고 관심 있어 하는 사장님들한테 보여주기만 하면 돼.

1)
❶ 한글을 이용한 디자인 사업을 하다
❷ 주변에 한글 티셔츠를 입고 다니는 사람들이 많다 / 한글 디자인이 세계 시장에서도 통하다
❸ 한글 디자인 티셔츠를 볼 때마다 사고 싶다
❹ 샘플은 벌써 다 만들었다 / 이제 쇼핑몰에 올리다

2)
❶ 대학원에서 한국어를 공부해 가지고 한국어 선생님이 되다
❷ 토픽 시험을 보는 사람들이 점점 많아지다 / 우리 나라에도 한국어 선생님이 더 필요하다
❸ 토픽 시험을 보는 사람이 생각보다 많아서 깜짝 놀라다
❹ 대학원에 지원 서류는 냈다 / 이번 토픽 시험 점수를 잘 받다

전자 핫팩　사업　수입하다　대단하다　계획서　통하다　샘플

3)
1 한국 소설을 우리 나라 말로 번역하는 일을 하다
2 한국 문화를 좋아하는 외국인이 많아지다 / 한국 문학에 대한 관심도 곧 커지다
3 한국 소설을 읽으려고 몇 권 사 놓다
4 1차 번역은 다 끝났다 / 내일 출판사에 보내다

4)
1 요리사가 되다
2
3
4

2 하고 싶은 일에 대해서 친구에게 묻고 자신의 대답을 정리해서 보기 와 같이 발표해 봅시다.

공부를 마치면 뭘 해서 돈을 벌고 싶어요?

· 개인 사업

그 일을 하기 위해서 어떤 준비를 하고 있어요?

· 한국 유학

직업을 고를 때 무엇이 중요하다고 생각해요?

☐ 일이 재미없지만 65세까지 편하게 일할 수 있다.
☐ 월급은 많지 않아도 내가 하고 싶은 일이다.
☑ 일이 힘들지만 돈을 많이 벌 수 있다.
☐ 일한 만큼만 돈을 받지만 자유롭다.
☐ 유명해질 수 있다. ☐ 기타 ____________

장래희망	☑ 사업가 ☐ 회사원 ☐ 선생님 ☐ 연예인 ☐ 번역가 ☐ 디자이너 ☐ 요리사 ☐ 기타 ____________	
원하는 분야/전공	· 전자 핫팩 수입	
선택 이유	· 보조 배터리와 핫팩으로 다 사용할 수 있다. · 새로운 물건이기 때문에 사람들이 신기해할 것이다. · 계속 충전해서 쓸 수 있어서 경제적이다.	
지금 계획하고 있는 것	· 어떤 제품을 수입하면 좋을지 회사들과 연락 중이다. · 광고 동영상을 찍어서 유튜브(Youtube)에 올릴 계획이다.	

번역하다 장래희망 사업가 보조 배터리

보기

앞으로 하고 싶은 일

제가 고향에 돌아가서 앞으로 하고 싶은 일은 사업입니다. 사업을 잘하기 위해서 한국에 유학도 왔습니다. 우리나라는 겨울이 길고 추운 나라이기 때문에 히터나 장갑, 핫팩 같은 물건들이 많이 팔립니다. 그래서 저는 보조 배터리와 핫팩, 둘 다로 사용할 수 있는 전자 핫팩을 우리나라에 수입하고 싶습니다. 저도 직접 써 봤는데 참 편리하고 좋았습니다. 전자 핫팩을 보고 신기해하는 외국인이 많은 걸 보니 우리나라에 가져가도 성공할 것 같습니다. 한 번만 쓰고 버리는 게 아니라 계속 충전해서 쓸 수 있고 보조 배터리로도 사용할 수 있으니까 매우 경제적입니다. 지금 어떤 제품을 수입하면 좋을지 우리나라에 있는 회사들과 연락 중이고 광고 동영상을 찍어서 유튜브에 올릴 계획입니다. 유명한 사업가가 되려면 앞으로 갈 길이 멀지만 열심히 노력해서 꼭 성공하고 싶습니다.

3 보기 와 같이 발표 내용에 대해 질문해 봅시다.

보기

가: 언제부터 이런 생각을 하게 됐어요?
나: 저는 어렸을 때부터 장래희망이 사업가였어요.

Ⅲ. 정리해 봅시다

3년 후의 목표를 세우고 오늘부터 해야 할 일을 순서대로 적어 봅시다.

3년	
1년	
6개월	
한 달	
오늘	

목표

15과 일과 생활

2. 고향에 있을 때 요리를 자주 하곤 했습니다

• 학습목표: 아르바이트 면접을 준비하고 경험을 소개할 수 있다.

Ⅰ. 준비해 봅시다

- 어느 아르바이트를 해 봤습니까?
- 한국에서 무슨 아르바이트를 해 보고 싶습니까?

II. 표현해 봅시다

1 그림과 같이 대화해 봅시다.

안녕하세요? ① 구인 광고를 보고 왔는데요. 아직도 아르바이트생을 구하세요?

네, 이쪽으로 오세요. 이력서는 가지고 오셨어요?

여기 있습니다. 제가 어떤 일을 해야 하나요?

② 햄버거를 만들거나 주방 청소를 하는 일인데 별로 어렵지 않을 거예요. ③ 햄버거 가게에서 일한 경력이 있어요?

아르바이트를 한 적은 없지만 고향에 있을 때 ④ 요리를 자주 하곤 했습니다. 그런데 저, ⑤ 시급이 어떻게 되나요?

⑥ 주방 일을 하건 매장 일을 하건 시간당 10,000원을 드려요. 같이 일하고 싶은데 언제부터 나올 수 있어요?

1)
① 정하늘 씨의 소개를 받고 온 사람이다
② 주문을 받고 커피를 만들다
③ 커피숍
④ 커피를 자주 만들어 마시다
⑤ 근무 시간이 어떻게 되다
⑥ 평일이다 / 주말이다 / 오후 3시부터 10시까지 근무해야 되다

2)
① 인터넷 사이트에서 광고를 보고 오다
② 화장품에 대해서 설명하고 판매하다
③ 화장품 가게
④ 직접 화장품을 만들어 쓰다
⑤ 초보자는 돈을 적게 받다
⑥ 초보자이다 / 경력자이다 / 시급은 같다

구인 광고　경력　시급　주방　시간당　근무 시간　판매하다　초보자　경력자

3)
1. 어제 전화 드렸던 사람이다
2. 물건을 계산하고 매장을 정리하다
3. 편의점
4. 아버지 가게에서 계산을 도와드리다
5. 야간 아르바이트는 시급이 더 높다
6. 밤에 하다 / 낮에 하다 / 똑같다

4)
1.
2.
3. 외국어 학원 (이삿짐 센터/ 치킨 집 등)
4.
5.
6.

2 하고 싶은 아르바이트에 대해서 친구에게 묻고 보기 와 같이 대화해 봅시다.

어디에서 아르바이트를 하고 싶어요?	□ 배달 □ 외국어 학원 □ 화장품 가게	☑ 식당 □ 통역 / 번역 회사 □ 학교 도서관	□ 여행사 □ 편의점 □ 기타 ________
왜 그 일을 하려고 해요?	□ 시급이 높다. ☑ 경력이 필요 없다. □ 기타 ________	□ 시간이 자유롭다. □ 한국말을 쓸 수 있다.	
뭘 잘할 수 있어요?	· 한국말 · 요리		
아르바이트 경험이 어디에 도움이 될 것 같아요?	· 내 가게를 열 때		

야간

보기

가: 아르바이트해 본 적 있어요?
나: 아니요, 아직 못 해 봤어요. 그런데 주위 친구들이 많이 하고 있어서 저도 곧 해 보려고 해요. 한국어 말하기 연습도 하고 좋은 경험이 될 것 같아서요.
가: 무슨 아르바이트에 관심이 있는데요?
나: 저는 햄버거 가게에서 아르바이트를 하고 싶어요.
가: 햄버거를 잘 만들어요?
나: 요리를 좋아하지만 햄버거는 아직 만들어 본 적이 없어요. 하지만 햄버거 만들기는 쉽게 배울 수 있어서 요리 경력이 있건 없건 다 괜찮대요.
가: 아, 그래요? 저도 해 보고 싶어지는데요.
나: 햄버거를 날마다 먹을 수 있는 데다가 고기를 맛있게 굽는 방법도 배울 수 있으니까 한번 해 보려고요. 햄버거 가게에서 경력을 쌓으면 앞으로 제 가게를 열 때에도 도움이 될 것 같아요.
가: 햄버거 가게에서 일하려면 한국말을 어느 정도로 잘해야 할까요?
나: 우선 사장님이 면접을 한국말로 보실 거고 손님들도 한국말로 주문을 할 테니까 한국어 3급 정도는 돼야 하지 않을까요?

3 보기 와 같이 친구들의 대화를 듣고 이야기해 봅시다.

보기

가: 보통 면접을 볼 때 사장님이 무슨 질문을 하는지 아세요?
나: 먼저 비슷한 일을 해 본 경력이 있는지 물어볼걸요.

III. 정리해 봅시다

아르바이트를 구할 때 필요한 이력서를 써 봅시다.

<table>
<tr><td rowspan="6">(사진)</td><td colspan="4">이 력 서</td></tr>
<tr><td rowspan="2">성명</td><td rowspan="2"></td><td colspan="2">생년월일</td></tr>
<tr><td colspan="2"></td></tr>
<tr><td colspan="4">이메일</td></tr>
<tr><td colspan="4">현주소</td></tr>
<tr><td colspan="4">연락처</td></tr>
<tr><td>기간</td><td colspan="3">학력</td><td>비고</td></tr>
<tr><td>-</td><td colspan="3"></td><td></td></tr>
<tr><td>-</td><td colspan="3"></td><td></td></tr>
<tr><td>기간</td><td colspan="3">경력</td><td>비고</td></tr>
<tr><td>-</td><td colspan="3"></td><td></td></tr>
<tr><td>-</td><td colspan="3"></td><td></td></tr>
</table>

16과 고민과 조언

1. 관심 없는 척하고 지내는데 힘드네요

• 학습 목표: 고민을 말하고 조언을 구할 수 있다.

Ⅰ. 준비해 봅시다

- 위 인물들에게 어떤 고민이 있을 것 같습니까?
- 여러분도 이와 비슷한 고민을 한 적이 있습니까?

II. 표현해 봅시다

1 그림과 같이 대화해 봅시다.

얼굴이 왜 그래요? 무슨 일 있어요?

사실은 ① 몇 달 전부터 고민을 하고 있는데 어떻게 해야 할지 모르겠어요.

뭐가 그렇게 고민인데요? 제가 도울 수 있을지도 모르니까 한번 말해 보세요.

② 동아리 친구를 짝사랑하고 있어요. ③ 제 마음을 고백하지 못하고 관심 없는 척하고 지내는데 힘드네요.

④ 그 친구가 고백을 안 받아주면 사이가 멀어질까 봐 고백을 못 하는군요.

네, ⑤ 제가 고민만 하는 사이에 그 친구에게 곧 고백할 사람이 생길 것도 같고요. 저는 어쩌면 좋죠?

1)
① 얼마 전부터 걱정되는 일이 있다
② 부모님이 내가 지금 사귀는 사람을 좋아하지 않다
③ 그 사람에게 아무 일 없다
④ 그 사람이 마음의 상처를 받다 / 그 사람한테는 이야기를 못 하다
⑤ 그 사람이 곧 유학을 가는데 그 사람이 없다 / 부모님이 다른 사람을 만나라고 하다

2)
① 요즘 말 못할 고민이 하나 생겼다
② 룸메이트가 지저분한 성격이다
③ 그 친구 침대 위에 쓰레기가 쌓여 있어도 못 봤다
④ 룸메이트에게 말하면 잔소리처럼 들리다 / 말을 못 하다
⑤ 제가 나갔다 / 자기 친구를 방으로 데리고 왔다

짝사랑 잔소리

3)

1 대학교 입학 문제 때문에 밤에 잠도 안 오다
2 아무리 공부해도 쓰기 실력이 좋아지지 않다
3 친구들 앞에서는 신경 쓰지 않다
4 대학 입학시험에 떨어지다 / 걱정이 많다
5 제가 문법 공부만 하다 / 다른 학생들은 읽기와 말하기 공부까지 다 끝내다

4)

1 저를 좋아하는 친구가 있다
2
3
4
5

2 친구의 고민이 무엇인지 물어보고 자신의 대답을 정리해서 보기 와 같이 고민을 정리해 봅시다.

질문	보기	
요즘 무슨 고민이 있어요?	· 연애 문제	
언제부터 그 고민을 하고 있어요?	· 몇 달 전	
누구에게 고민을 알리고 도움을 구하고 싶어요?	· 학교 <대나무숲> 사이트	

상황	· 영화 동아리에서 함께 활동하는 친구를 짝사랑하고 있다.	
그렇게 된 이유	· 목소리가 따뜻하다. · 봉사 정신이 강하다.	
고민	· 내 친구도 그 친구를 짝사랑하고 있는데 곧 고백한다고 했다.	

보기

연세대학교 대나무숲
October.30 at 12:01pm

연대숲 #49125번째 목소리:

제가 어떻게 하면 좋을까요?

저에게는 동아리 활동을 하면서 가까워진 친구가 있어요. 그런데 제가 몇 달 전부터 그 친구를 좋아하게 됐어요. 그 친구는 말할 때 목소리가 참 따뜻해요. 그 친구가 말할 때마다 제 마음이 얼마나 설레는지 모릅니다. 또 그 친구는 항상 제 마음을 편하게 해주는 말을 해요. 이런 제 마음을 고백하고 싶지만 잘못하면 사이가 나빠질까 봐 걱정이 돼요. 그런데 이제는 그 친구를 볼 때마다 관심이 없는 척 행동하기가 힘들어요. 그리고 같이 동아리에서 활동하는 친구 한 명도 그 친구를 좋아하는데 제가 고민만 하는 사이에 그 친구한테 곧 자기 마음을 고백할 것 같습니다. 제가 어떻게 하면 좋을까요? 고백에 성공해 보신 여러분의 도움말을 기다리겠습니다.

3 보기 와 같이 친구의 글을 읽고 이야기해 봅시다.

보기

가: 저도 짝사랑을 한 적이 있는데 그때 정말 고민이 많았어요.
나: 그래요? 지금은 그 친구하고 어떻게 지내요?

III. 정리해 봅시다

친구들에게 여러분의 고민을 알리고 조언을 구해 봅시다.

행동하다

16과 고민과 조언

2. 영화에 대해서 이야기해 보지 그래요?

• 학습 목표: 고민을 듣고 적절한 조언을 해 줄 수 있다.

Ⅰ. 준비해 봅시다

- 두 사람이 고민하는 문제는 무엇입니까?
- 여러분은 이 사람들에게 어떤 말을 해 주고 싶습니까?

Ⅱ. 표현해 봅시다

1 그림과 같이 대화해 봅시다.

나 ① 내일 소개팅 해.

그래? 이번에는 좀 잘 됐으면 좋겠다.

그런데 지난번처럼 ② 말도 몇 마디 못 하고 그냥 헤어질까 봐 걱정이야.

그러면 우선 ③ 날씨 이야기로 대화를 시작하고 나서 그 다음에 영화에 대해서 이야기해 보지 그래? ④ 영화 이야기는 다 좋아해.

그래? 이번에 한번 네 말을 들어 볼까?

내 말대로 해서 ⑤ 잘되거든 나한테 크게 한턱 내.

1)
① 이제부터 돈 좀 모아볼까 생각 중이다
② 몇 달 못 하고 돈을 찾아 쓰다
③ 은행에 가서 정기 적금 통장부터 만들다 / 월급날마다 입금하다
④ 돈이 생기면 바로 저축부터 해야 하다
⑤ 일 년 후에 돈을 많이 모으다

2)
① 친구와 화해하려고 하다
② 대화하다가 또 싸우다
③ 친구에게 선물을 보내다 / 만나자고 하다
④ 누구나 깜짝 선물은 좋아하다
⑤ 친구와 화해를 잘하다

마디 정기 적금 입금 한턱 내다

3)
1. 이제부터 공부 좀 열심히 해 보려고 하다
2. 며칠 못 하고 금방 포기하다
3. 복습부터 하다 / 조금이라도 예습을 하는 걸로 계획을 세우다
4. 꾸준히 공부하려면 계획을 잘 세우는 게 제일 중요하다
5. 성적이 오르다

4)
1. 내일부터 취업 준비를 제대로 해 보려고 하다
2.
3.
4.
5.

2 어떻게 조언하면 좋을지 친구와 말한 후에 보기 와 같이 알맞은 조언을 써 봅시다.

고민	조언	고민	조언
소개팅을 해서 좋은 사람을 사귀고 싶은데 어떻게 해야 할지 모르겠어요. 	· 장소: 분위기 좋은 카페 · 화제: 날씨, 영화, 액세서리 · 주의할 점: 자신에 관해 다 말하지 않기, 다음 약속을 꼭 처음 만난 날에 정하기.	동기들이 모두 승진했는데 저만 승진하지 못 했어요. 회사를 옮겨야 할까요? 	
저는 대학원에 가고 싶은데 부모님은 취직을 하라고 하세요. 		아무리 열심히 공부해도 성적이 오르지 않아요. 전공이 제 적성에 안 맞는 것 같아요. 	

꾸준히 세우다 취업 승진

보기

고민 해결

Q 내일 소개팅을 하는데 꼭 성공해서 좋은 사람을 사귀고 싶어요. 소개팅에서 성공할 수 있는 좋은 방법을 알려 주세요.

A 꼭 소개팅에 성공해서 이번 크리스마스에는 좋은 사람과 행복한 시간을 보내시면 좋겠네요. 우선 첫 만남의 인상을 좋게 하려면 분위기 있는 카페에서 만나 보세요. 날씨 이야기로 대화를 시작해서 최근에 상영된 영화 이야기를 하면 즐겁게 이야기를 계속 할 수 있을 것입니다. 그리고 상대방이 입고 나온 옷이나 하고 나온 액세서리에 대한 칭찬을 하는 것도 좋습니다. 처음부터 자신에 대한 이야기를 다 하지는 마세요. 너무 가벼워 보일 수 있습니다. 그리고 잊지 마세요! 다음에 만날 약속은 소개팅한 날 헤어지기 전에 정해야 해요! 제가 말씀드린 대로 하면 소개팅에 성공하실 수 있을 거예요. 제 말대로 해서 좋은 사람을 친구로 사귀게 되거든 꼭 제 대답이 도움이 되었다고 추천해 주세요.

3 보기 와 같이 친구의 조언을 읽고 이야기해 봅시다.

보기

가: 이렇게 하면 정말 좋은 사람을 사귈 수 있을까요?

나: 그럼요. 무엇보다 중요한 건 예의를 잘 지키면서 좋은 인상을 남기는 거라는 점만 잊지 마세요.

III. 정리해 봅시다

친구의 고민을 알아보고 도움이 되는 말을 해 줍시다.

연세대학교 대나무숲
2020년 12월 29일 오후 3:52

요즘 고민이 있어요 ....

....

4명 공유 1회

좋아요 댓글달기 공유하기

복습 15-16과

1 그림을 보고 해결 방법을 이야기해 보십시오.

결혼해서 한국에 살지 않았으면
중국에서 큰 회사에 들어갔을 거예요.
중국에서 공부를 아주 잘했고
교수님 추천도 받았거든요.
지금 저는 대학원 공부와 아르바이트를
같이 하면서 생활하고 있습니다.
아내를 사랑하고 한국 생활도 행복하지만
미래가 불안해서 힘이 듭니다.
오늘도 괜히 짜증이 나서 아내와 다퉜어요.

한국 남자와 결혼했으면
제가 하고 싶은 일을 하면서
살았을 것 같아요. 카페를 경영하는 게
꿈이었거든요. 그런데 지금 저는 대학원
공부를 하는 남편 대신에 회사에 다니면서
돈을 벌고 있습니다. 남편을 사랑하지만
경제적인 문제가 있고 가끔 문화 차이 때문에
다툴 때도 있어서 힘이 듭니다.
미래에 대해 불안해하는 남편을 보는 것도
마음이 아프고요.

1) 웨이와 미선에게 어떤 문제가 있습니까?

2) 이 부부가 문제를 해결하려면 어떻게 해야 하겠습니까?

3) 이 부부에게 각각 필요한 조언을 해 주십시오.

2 웨이가 인터넷에 자신의 고민을 올렸습니다. 웨이의 고민 아래에 댓글을 달아 봅시다.

보기

연세대학교 대나무숲
January. 13 at 01:20am

연대숲 #2017113번째 목소리:

중국에서 온 유학생입니다. 한국에서 공부를 하다가 한국 여자에게 첫눈에 반해서 결혼까지 하게 되었습니다. 처음에는 신혼 생활이 아주 행복했습니다. 그런데 제가 아직 취업을 못 하고 아내가 주는 학비로 대학원에서 공부를 하고 있습니다. 제 아내에게 고마워서 열심히 공부를 하고 있지만 미래가 불안합니다. 중국에서 살고 있다면 이런 걱정은 하지 않았겠지요. 아내도 저를 많이 사랑하지만 경제적인 문제와 가끔 생기는 문화 차이 때문에 여러 가지로 힘들어하는 것 같습니다. 이런 저와 제 아내에게 힘이 되는 말 부탁드립니다.

하늘사** : 일단 지금은 공부만 생각하세요. 그것이 아내를 위하는 길입니다.

귀여*** : 중국에서 하고 싶은 일이 무엇이었나요? 한국에서도 할 수 있을 거예요.

문화

직업 가치관의 변화

청년들의 직업관과 직장관이 예전과 많이 달라졌다. 요즘 젊은이들은 '인생은 한 번뿐'이라는 생각으로 일과 삶의 균형을 추구한다. 그래서 한 번 취직하면 은퇴할 때까지 한 직장에서 일한다는 '평생직장' 개념이 점차 사라지고 있다. 자신이 원하는 일이나 조건에 따라 직장이나 직업을 여러 번 바꾸는 것도 자연스럽게 받아들여지는 분위기이다. 예전에는 직장을 고를 때 '정년까지 일할 수 있을까?', '보수가 얼마나 될까?'를 걱정했다면 요즘 젊은이들은 '칼퇴근을 할 수 있을까?', '월차나 연차를 자유롭게 쓸 수 있나?'를 더 중요하게 여긴다. 보수가 조금 적더라도 자신이 좋아하는 일을 하면서 여가 시간을 자유롭게 활용하는 데 더 큰 가치를 두는 것이다.

17과 부탁과 거절

1. 어려운 단어도 많고 해서 그러는데요

• 학습 목표: 상황에 맞게 부탁할 수 있다.

Ⅰ. 준비해 봅시다

- 주앙 씨에게 무슨 어려움이 있습니까?
- 어려운 부탁을 할 때 사용하면 좋은 방법을 알고 있습니까?

17-1

II. 표현해 봅시다

1 그림과 같이 대화해 봅시다.

선배님,
① 지금 시간 좀 있으세요?

② 좀 이따가 약속이 있기는 한데 무슨 일이야?

③ 휴대 전화 요금이 왜 이렇게 많이 나왔는지 설명 좀 해 주실 수 있나 해서요.

직접 ④ 전화를 걸어서 물어보면 되잖아?

⑤ 전화해 봤는데 잘 알아들을 수가 없어서요. ⑥ 어려운 단어도 많고 해서 그러는데요, 요금 내용을 보시고 설명을 좀 해 주시면 좋겠어요.

그렇다면 내가 도와줘야지. ⑦ 내가 내용을 다 알지 모르겠지만 어디 한번 읽어 보자.

1)
① 제 부탁 하나 들어주실 수 있다
② 20분 후에 수업이 있다
③ 과제에 필요한 책을 대신 좀 빌리다
④ 네 학생증으로 빌리다
⑤ 제가 빌릴 수 있는 만큼 다 빌리다 / 빌려야 할 책이 몇 권 더 남다
⑥ 책을 복사하는 것도 시간이 많이 걸리다 / 선배 학생증으로 대신 대출을 좀 하다
⑦ 나도 몇 권이나 더 대출할 수 있다 / 인터넷으로 한번 확인하다

2)
① 죄송하지만 잠깐 저 좀 도와주실 수 있다
② 곧 나가 봐야 하다
③ 통장을 만들 때 어떻게 해야 하는지 좀 알리다
④ 은행 직원한테 물어보다
⑤ 직원이 한국어로 설명해 주다 / 알아듣기가 어렵다
⑥ 혼자 은행에 가는 것이 좀 무섭기도 하다 / 같이 가서 좀 돕다
⑦ 내가 도움이 되다 / 같이 가다

3)
1. 바쁘다
2. 신입생 환영회 준비를 해야 하다
3. 일주일 전에 주문한 물건이 왜 아직 안 오는지 택배 회사에 전화 좀 하다
4. 택배 회사 홈페이지에 들어가 보다
5. 택배 회사 홈페이지에 문의 글을 올리다 / 답글이 안 달리다
6. 제 듣기 실력도 좋지 않다 / 택배 회사에 저 대신 전화 좀 하다
7. 통화가 바로 되다 / 지금 전화하다

4)
1. 지금 시간 좀 괜찮다
2.
3.
4.
5.
6.
7.

2 부탁해 본 경험에 대해서 친구에게 묻고 자신의 대답을 정리해서 보기 와 같이 발표해 봅시다.

어떤 부탁을 해 봤어요?

☐ 책을 대신 빌려 달라는 부탁
☐ 택배 회사 직원과 통화해 달라는 부탁
☐ 은행 직원이 하는 말을 설명해 달라는 부탁
☑ 휴대 전화 사용 내용을 설명해 달라는 부탁
☐ 기타 ____________________

왜 부탁을 했어요?

한국어로 된 서류를 이해하는 것이 어렵다.

부탁을 들어주지 않으면 어떻게 하려고 했어요?

다른 사람을 찾아본다.

힘든 일	· 한국어로 된 서류 읽기	
부탁 내용	· 휴대 전화 요금 내용 설명	
도와줄 수 있는 사람	· 동아리 선배	
부탁 방법	· 도와줄 사람의 상황을 보고 부탁하는 이유를 설명한다.	

달리다

보기

부탁을 해 본 경험

여러분은 어떤 경우에 한국 사람에게 부탁을 하세요? 저는 한국어로 된 서류를 읽어야 할 때 특히 도움이 많이 필요해요. 서류마다 형식도 낯설고 한자 단어도 많고 해서 한국어로 쓰인 서류는 아직도 이해하기가 어려워요. 얼마 전에 휴대 전화 요금이 나왔는데 너무 많이 나온 거예요. 직원한테서 전화로 설명을 들었는데도 이해가 잘 안 됐어요. 그때 동아리에서 친하게 지내는 선배가 생각났어요. 그 선배라면 쉽게 설명을 잘해 줄 것 같았거든요.

그래서 동아리 방에서 만난 선배에게 먼저 시간이 있냐고 물어봤어요. 그 다음에 부탁하는 이유를 설명했어요. 갑자기 부탁을 하면 부탁 받는 선배가 기분이 나빠질지도 모르니까 조심스럽게 부탁했어요. 어렵게 부탁을 했는데 거절을 당하면 서로 기분이 안 좋잖아요? 그러니까 거절 당하지 않으려면 상대방이 바쁘지 않은지 먼저 확인해 보는 게 좋아요. 그리고 부탁하는 이유를 잘 설명하는 것도 중요한 것 같아요.

3 보기 와 같이 발표 내용에 대해 이야기해 봅시다.

보기

가: 친하건 친하지 않건 부탁하기는 늘 어려운 것 같아요.
나: 맞아요. 그래서 제일 친한 사람에게 꼭 필요한 것만 조심스럽게 부탁하게 돼요.

III. 정리해 봅시다

선생님께 추천서를 부탁하는 이메일을 써 봅시다.

YONSEI EMAIL

보낸 사람	john316@yonsei.ac.kr
제　　목	

형식　한자　당하다　추천서

17과 부탁과 거절

2. 너희 집 근처에 괜찮은 호텔도 있을 텐데

• 학습 목표: 상대방이 섭섭하지 않게 거절할 수 있다.

Ⅰ. 준비해 봅시다

- 어느 말로 거절을 당한 사람이 제일 덜 섭섭하겠습니까?
- 여러분은 어떤 방법으로 거절을 합니까?

17-2

Ⅱ. 표현해 봅시다

1 그림과 같이 대화해 봅시다.

① 고향 친구가 한국에 오는데 나흘만 너희 집에서 지낼 수 있을까?

① 나흘을?

응, ② 내 룸메이트는 다른 사람이 집에 오는 걸 싫어해서.

③ 너희 집 근처에 괜찮은 호텔도 있을 텐데….

응, 그런데 ④ 그 친구가 여행 경비가 많지 않아서 숙박비를 줄여야 한대.

어, ⑤ 지금 당장 대답하기는 좀 곤란한데 어쩌지? ⑥ 먼저 찜질방을 한번 알아보지.

1)
① 나 대신 사흘 동안 아르바이트를 좀 해 주다
② 모레 시험이 있다
③ 모레면 아직 준비할 시간이 좀 남아 있다
④ 이번 시험은 많이 어렵다
⑤ 나도 내일하고 모레는 좀 바쁘다
⑥ 요즘 한가한 웨이한테 한번 물어보다

2)
① 졸업식에서 입을 정장을 좀 빌리다
② 한 번만 입을 옷인데 새로 사기가 아깝다
③ 정장을 빌려주는 가게가 있다
④ 가게에서 빌리는 것도 돈이 많이 들다
⑤ 내 옷은 벌써 다른 친구에게 빌려주기로 하다
⑥ 좀 일찍 이야기하다

곤란하다

3)
1. 이번 주말에 보고서 과제를 좀 도와주다
2. 도와주기로 한 언어 교환 친구한테 갑자기 일이 생기다
3. 그 친구가 가능한 시간에 만나도 되다
4. 그 친구가 이번 주 내내 시간이 안 되다
5. 나도 이번 주에는 선약이 있어서 못 도와줄 것 같다
6. 미리 좀 해 놓다

4)
1. 삼십만 원만 좀 빌려 쓰다
2.
3.
4.
5.
6.

2 부탁을 거절해 본 경험에 대해서 친구에게 묻고 자신의 대답을 정리해서 보기 와 같이 부탁을 거절하는 이메일을 써 봅시다.

어떤 부탁을 거절해 봤어요?

- ☐ 돈을 빌려 달라는 부탁
- ☑ 방을 빌려 달라는 부탁
- ☐ 시험 볼 때 도와 달라는 부탁
- ☐ 휴대 전화를 빌려 달라는 부탁
- ☐ 기타 ______________

어떻게 거절하는 게 제일 나을까요?

- ☐ 생각할 시간을 달라고 한다.
- ☐ 다른 부탁을 들어준다고 한다.
- ☑ 부탁을 들어줄 수 없는 이유를 말한다.
- ☐ 기타 ______________

누구의 부탁을 거절했어요?

친한 고향 친구

거절하는 말을 어떻게 전했어요?

이메일을 썼다.

제목	· 네가 부탁한 거 있잖아	
부탁을 거절하는 이유	· 잘 알지 못하는 사람과 같이 지내는 것에 자신이 없다.	
끝인사	· 다른 부탁은 뭐든지 들어주겠다.	

보기

YONSEI EMAIL

보낸 사람	truefriend@yonsei.ac.kr
제 목	**네 부탁을 들어줄 수 없을 것 같아**

안녕? 나 타오야. 잘 지내? 며칠 전에 네 친구를 우리 집에서 나흘 동안 지내게 해줄 수 있냐고 물었잖아. 사실은 지난달에 회사 동료가 이사할 때 일주일 정도 우리 집에서 같이 지냈거든. 회사 다니면서 잠만 자는 거니까 괜찮을 거라고 생각하고 그러라고 했어. 그런데 혼자 생활하다가 둘이 지내니까 불편한 점이 생각보다 정말 많았어. 그때 내가 회사 동료와 같이 지내면서 너무 고생을 했기 때문에 네 부탁을 들었을 때 네 친구하고 같이 지낼 자신이 없었어.

생각을 많이 해 봤는데 내가 잘 모르는, 친구의 친구하고 나흘 동안 같이 지내는 건 솔직히 힘들 것 같아. 방 말고 다른 부탁이라면 뭐든 들어줄 수 있을 텐데, 미안하다. 네가 너무 섭섭해하지 않았으면 좋겠어. 내가 직접 도와주지 못해서 미안하지만 친구의 숙박 문제가 잘 해결되길 바란다. 친구야, 정말 미안하다.

3 보기와 같이 친구의 글을 읽고 이야기해 봅시다.

보기

가: 친한 친구의 부탁을 거절하기가 세상에서 제일 어려운 일인 것 같아요.
나: 저도 제가 제일 좋아하는 친구한테서 받은 부탁이기 때문에 거절하기가 더 어려웠어요.

III. 정리해 봅시다

어려운 부탁을 하거나 받았던 경험에 대해서 이야기해 봅시다.

솔직히

18과

모임

1. 간장게장이라는 음식이 맛있다고 해서 먹으러 가려고요

• 학습 목표: 반 모임을 계획하고 제안할 수 있다.

Ⅰ. 준비해 봅시다

- 주앙 씨는 모임에서 무엇을 하고 싶어 합니까?
- 여러분은 친구들과 모여서 놀 때 무엇을 합니까?

Ⅱ. 표현해 봅시다

1 그림과 같이 대화해 봅시다.

① 다음 주면 시험도 끝나는데 오랜만에 반 모임이나 할까요?

좋지요. 저는 ② '간장게장'이라는 음식이 맛있다고 해서 한번 먹어 보려고 하는데 이번 반 모임 행사로 같이 먹어 보는 거 어때요?

저도 ③ 인터넷 맛집 소개 사이트에 들어갔다가 알게 됐는데 신선한 게살 맛이 환상적이라고 하던데요.

그래요? 그럼 이번 반 모임 때는 ④ 간장게장 맛집에 갈까요?

좋아요. 그리고 ⑤ 식사 후에는 노래방에 가는 게 어때요?

좋은 생각이네요. 그럼 같이 갈 수 있는 반 친구들을 한번 모아 봐요.

1)
① 금요일이다
② 학교 앞에 볼링장이 새로 생겼다 / 치러 가다
③ 동아리 뒤풀이에 갔다 / 시설도 좋고 분위기가 좋다
④ 볼링장에 가다
⑤ 볼링을 친 후에는 식사하러 가다

2)
① 방학이다
② 국립극장에서 연극 '백설공주를 사랑한 난쟁이'를 하다 / 보러 가다
③ 국립극장에 음악회를 보러 갔다 / 내용도 재미있고 대사도 별로 어렵지 않다고 하다
④ 국립극장에서 연극을 보다
⑤ 연극을 본 후에는 맥주도 한잔하다

게살

3)
1 발표회도 끝나다
2 과일 맛이 나는 막걸리 가게가 있다 / 들러 보다
3 친구들과 뒤풀이를 하러 갔다 / 막걸리가 아주 달고 맛있다
4 과일 맛 막걸리 가게에 가다
5 2차로는 보드 게임 카페에 가다

4)
1 곧 종강이다
2
3
4
5

2 친구와 함께 반 모임을 계획하고 그 결과를 정리해서 보기 와 같이 제안해 봅시다.

언제 할까요?	□ 오늘 오후에　□ 금요일 오후에 □ 토요일 오후에　☑ 기말 시험 끝나고 □ 방학에　□ 기타________	
어디에 갈까요?	☑ 식당　□ 카페　□ PC방 □ 술집　☑ 노래방　□ 놀이공원 □ 학생 식당　□ 보드게임 카페　□ 찜질방 □ 기타________	
반 모임에서 무엇을 할까요?	· 새로운 한식을 먹어 본다. · 노래방에 가서 스트레스를 푼다.	
무엇을 준비할까요?	· 회비 3만원	
어디에서 만날까요?	· 학교 정문	

보드게임　종강

보기

즐거운 반 모임

여러분! 기말 시험이 끝나면 반 모임을 합시다. 시험 때문에 쌓인 스트레스를 풀기 위해서 다 함께 맛있는 음식을 먹으러 가는 건 어때요?

사실은 지난 주말에 한국 친구가 새로운 한국 음식을 맛보여 주겠다고 해서 학교 앞에 있는 식당에 갔어요. 친구를 따라갔다가 낯선 한국 음식을 먹었는데 맛이 환상적이어서 여러분에게도 그 음식을 소개해 주고 싶어요. '간장게장'이라고 들어 보셨어요? 게를 간장으로 양념한 밥반찬이에요. 신선한 게살과 간장 맛이 잘 어울려서 둘이 먹다가 하나가 죽어도 모르는 맛이랍니다. 밥과 같이 먹으면 밥을 많이 먹게 되니까 한국 사람들은 간장게장을 '밥도둑'이라고 부른대요.

다음 주 금요일 시험이 끝난 후에 학교 정문에서 만나서 같이 출발할까요? 회비는 각자 3만원씩 준비해 오면 될 것 같아요. 식당에 갔다가 노래방에도 가려고요. 여러분, 새로운 한국 음식 먹기에도 도전해 보고 신나는 노래도 같이 부르면 시험 때문에 쌓였던 스트레스가 확 풀리겠지요?

3 보기 와 같이 발표 내용에 대해 이야기해 봅시다.

보기

가: 해산물을 못 먹는 친구도 있는데 어떻게 하지요?
나: 그 한식당은 다른 음식도 맛있으니까 다른 음식을 주문하면 돼요.

Ⅲ. 정리해 봅시다

모임을 하고 나서 모임 후기를 써 봅시다.

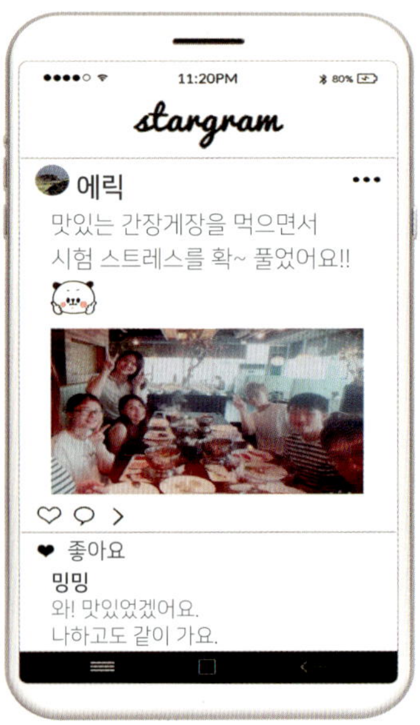

밥도둑

18과 모임

2. 대학원에 가기로 마음먹었다면 함께 준비합시다

• 학습 목표: 공부 모임을 계획하고 제안할 수 있다.

Ⅰ. 준비해 봅시다

- 외국어를 공부할 때 어느 방법으로 공부하는 것이 좋겠습니까?
- 혼자 공부하는 것과 함께 공부하는 것의 차이는 무엇입니까?

Ⅱ. 표현해 봅시다

1 그림과 같이 대화해 봅시다.

① 대학원에 가고 싶은데 자신이 없어요. ② 준비를 일찍 시작했다면 이렇게 자신이 없지는 않았을 거예요.

정말요? 저도 ① 대학원에 가려고 혼자 이것저것 준비하고 있어요.

우리가 알고 지낸 지 두 달이 넘었는데 어떻게 그동안 서로 그런 사실을 전혀 몰랐을까요? 아무튼 ① 대학원에 가려면 ③ 토픽에서 5급 이상을 받아야 하잖아요? 우리 그것부터 같이 준비해 보는 게 어때요?

그거 좋은 생각이에요. 한 번씩 ④ 돌아가면서 공부할 내용을 미리 준비해 오기로 합시다.

⑤ 그리고 면접도 준비해야 하니까 각자 찾은 정보를 나누는 게 좋을 것 같아요.

우리 학교에 ① 대학원에 가려는 친구가 또 있을지도 모르니까 게시판에 안내문을 붙여 볼까요?

1)
① 한국전자에 취직하다
② 회사 정보를 많이 모으다 / 서류를 더 잘 준비할 수 있다
③ 면접시험을 잘 보다
④ 그동안 면접시험 문제로 뭐가 나왔는지 알아보고 알려 주다
⑤ 그리고 면접 시험 문제를 직접 묻고 답하는 연습도 같이 해 보다

2)
① 대학교에 가다
② 공부할 전공을 일찍 결정하다 / 더 빨리 지원할 수 있다
③ 토픽에서 4급 이상을 받다
④ 각자 맡은 부분의 내용을 정리해서 서로 가르쳐 주다
⑤ 그러면 같이 공부하기 좋은 책을 먼저 골라 보다

자신 아무튼 맡다

3)

❶ 프랑스 요리 학교에 가다
❷ 프랑스어를 미리 배우다 / 바로 가서 공부를 시작할 수 있다
❸ 프랑스어를 듣고 말할 수 있다
❹ 좋은 프랑스 영화를 찾아 와서 같이 보고 이야기를 나누다
❺ 그리고 기본적인 요리 공부도 미리 해 놓다

4)

❶ 운전면허 시험을 보다
❷
❸
❹
❺

2 친구와 함께 모임을 만들고 그 결과를 정리해서 보기 와 같이 제안해 봅시다.

어떤 모임을 만들고 싶어요?

토픽 공부 모임

왜 그 모임을 만들고 싶어요?

함께 공부하면 공부가 잘될것 같아서

어떤 친구들이 몇 명쯤 모이면 좋을 것 같아요?

한국어 공부를 좋아하는 학생 7명 정도

제목	· 토픽 공부 함께 해요!	
목적	· 대학원 입학 준비 · 토픽 시험 준비	
모임 방식	· 한 명씩 돌아가면서 그날 공부할 내용을 준비해 온다. · 일주일에 세 번 모인다.	
규칙	· 모임에 빠지면 커피를 산다.	

운전면허 규칙 빠지다

보기

토픽 공부 함께해요!

혹시 한국에서 대학원에 입학하기 위해서 혼자 준비하고 있는 분이 계십니까? 그런 분이 계시다면 저희 모임에 들어와서 함께 토픽(TOPIK) 공부를 해 보시는 건 어때요? 한국에서 대학원에 지원하려면 우선 토픽 시험에서 5급 이상을 받아야 합니다. 그래서 우리 모임에서는 한 명씩 돌아가면서 그날 공부할 내용을 미리 준비해 와서 알려 주고 있습니다. 앞으로 일주일에 세 번 정도 만날 예정인데 너무 자주 만난다고 생각하시는 분이 많다면 모임 횟수를 두 번 정도로 줄일 수도 있습니다. 하지만 시험이 얼마 안 남았기 때문에 좋은 점수를 받으려면 자주 모이는 게 좋을것 같습니다. 모임에 빠진 사람은 그 다음 모임에 와서 커피를 사기로 합시다. 그래야 빠지지 않고 모두 열심히 공부를 하겠지요? 저희와 함께 토픽 시험을 준비하실 분은 010-1234-5678로 문자 보내 주세요!

3 보기 와 같이 친구의 글을 읽고 이야기해 봅시다.

보기

가: 대학원에 갈 건 아닌데 토픽 공부만 같이 해도 괜찮아요?

나: 그럼요, 우리 모임은 토픽 공부를 하는 모임이니까요.

III. 정리해 봅시다

모임 회원을 모으는 광고를 만들어서 게시해 봅시다.

운영 방식:

모임 일시:

규　　칙:

횟수

복습 17-18과

1 그림을 보고 보기 와 같이 대화하십시오.

웨이는 입사 추천서가 필요해서 한국어학당 선생님을 찾아갔지만 받을 수 없다. 한국어학당에서 공부한 지 오래되어서 선생님이 추천서를 써 주기 어렵다고 하시기 때문이다. 그래서 대학원에서 배운 교수님께 추천서를 받는다. 그리고 입사 준비를 위해서 토픽 시험 공부의 첫 모임을 갖는다.

보기

웨이: 선생님, 안녕하셨습니까? 오랜만에 인사드립니다.

선생님: 네, 웨이 씨, 잘 지냈어요? 무슨 일이에요?

웨이:

선생님:

웨이:

교수:

웨이:

친구:

2 웨이가 한국전자에 입사하고 나서 교수님께 보내는 감사 편지를 써 봅시다.

YONSEI EMAIL

받는 사람	professoy@yonsei.ac.kr
제목	한국전자에 입사했습니다!

교수님, 안녕하셨어요? 왕웨이입니다. ____________________

____

____

____

그럼 늘 건강하시길 바라며 이만 줄이겠습니다. 또 연락 드리겠습니다. 안녕히 계십시오.

문화

부드러운 거절

친한 사람의 부탁을 직접적으로 거절하기란 여간 어려운 일이 아니다. 그래서 한국 사람들은 꼭 거절을 해야 할 때 "아니요, 못 하겠어요"라고 직접적으로 거절하는 대신 "생각해 볼게요", "다음에 연락 주세요" 라고 말하면서 부드럽게 거절을 한다. 그러나 이렇게 거절을 하면 부탁한 사람은 거절당한 줄 모르고 오해를 하기도 한다.

오랜만에 반 모임에 참석하고 돌아왔을 때 친구한테서 사귀자는 메시지가 왔다면 여러분은 어떻게 거절할 것인가?

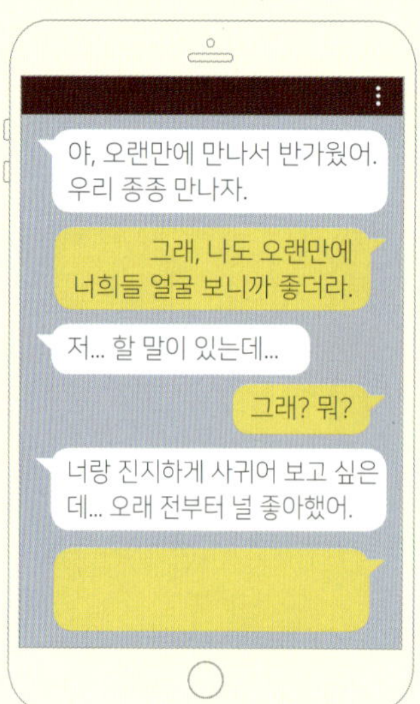

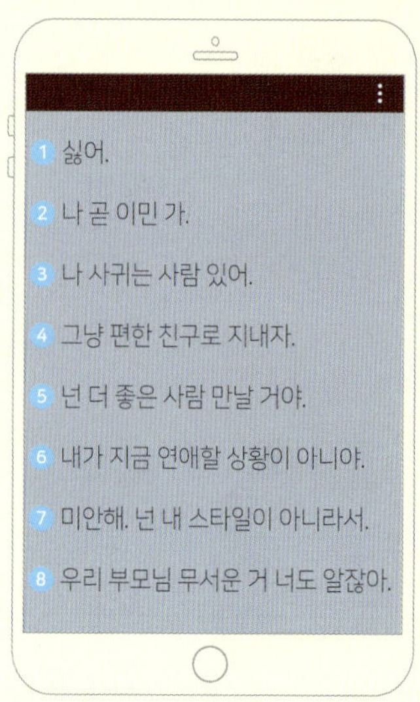

19과

놀이 문화

1. 옛날에 여자아이들이 자주 했었대요

• 학습 목표: 옛 놀이 방법을 설명할 수 있다.

Ⅰ. 준비해 봅시다

- 이것이 무슨 놀이인지 아십니까?
- 여러분 나라에 이와 비슷한 놀이가 있습니까?

II. 표현해 봅시다

1 그림과 같이 대화해 봅시다.

1)
① 고무줄놀이
② 긴 고무줄
③ 두 사람이 양쪽에서 긴 고무줄을 잡으면 한 사람이 고무줄 가운데에 서다 / 고무줄을 밟지 않게 조심하면서 노래에 맞춰 뛰는 놀이이다
④ 몇 년 전까지 여자 초등학생들 / 학교 운동장
⑤ 고무줄 / 문구점에서 구하다

2)
① 딱지치기
② 네모로 접은 종이
③ 친구의 딱지 위에 자기 딱지를 던지다 / 친구의 딱지가 뒤집어지면 그 딱지를 가질 수 있다
④ 옛날 남자아이들 / 교실 바닥
⑤ 딱지 만드는 방법 / 인터넷을 보고 쉽게 배우다

공기　고무줄　문구점　딱지　뒤집다

3)
1. 구슬치기
2. 투명한 구슬
3. 각자 몇 개씩 구슬을 꺼내서 세모 선 안에 놓다 / 가위바위보를 해서 이긴 사람이 자기 구슬로 세모 안의 구슬을 치고 밖으로 나온 걸 가지다
4. 옛날 남학생 / 골목
5. 구슬 / 마트에서 사다

4)
1. 팽이치기
2.
3.
4.
5.

2 친구에게 옛 놀이에 대해서 물어보고 자신의 대답을 정리해서 보기 와 같이 소개해 봅시다.

놀이 이름	· 공기놀이	
준비물	· 공기 다섯 개	
방법	· 가위바위보로 순서를 정한다. · 공기를 하나 던지고 떨어지기 전에 받는다.	
놀이의 장점	· 집중력이 생긴다. · 친구들과 사이가 좋아진다.	

구슬　투명하다　세모　가위바위보　골목

보기

어린 시절 즐겨 하던 놀이

공기놀이를 아세요? 옛날에 한국 여자아이들이 이 놀이를 많이 했었대요. 이 놀이는 공기라고 하는 작은 돌 다섯 개를 가지고 하는 거예요. 어떻게 하냐고요? 지금부터 하나하나 설명해 드릴게요. 먼저 서너 명의 친구들이 모이면 가위바위보로 한 사람씩 순서를 정하거나 여러 명으로 팀들을 만들어서 먼저 할 순서를 정해요. 첫 번째 사람이 공기 다섯 개를 바닥에 뿌리고 그 중 하나를 골라 위로 던져요. 던진 공기가 땅에 떨어지기 전에 바닥에 있는 다른 공기를 잡고 나서 떨어지는 공기까지 빨리 한 손에 받아야 해요. 떨어지는 공기를 못 받으면 다음 사람에게 순서를 넘겨야 하고요. 마지막에는 '꺾기'라는 것을 하는데 공기 다섯 개를 한꺼번에 위로 던졌다가 손등으로 받은 뒤에 그것을 다시 위로 던졌다가 손바닥으로 받는 거예요.

공기놀이를 하면 집중력이 생길 뿐만 아니라 어린 아이들이 손에 힘을 기르는 데에도 도움이 된대요. 여러 명이 함께하는 놀이이기 때문에 친구 관계도 좋아지고요. 생각만 해도 재미있을 것 같지요? 공기는 문구점에서 쉽게 살 수 있으니까 우리 같이 해 봅시다.

3 보기 와 같이 발표 내용에 대해 이야기해 봅시다.

보기

가: 재미있는 놀이 같아요. 저도 해 보고 싶은데 좀 어렵지 않을까요?

나: 인터넷으로 '공기'를 검색하면 공기놀이 동영상이 많으니까 보고 조금만 연습하면 돼요.

Ⅲ. 정리해 봅시다

한국의 옛 놀이를 해보고 에스엔에스(SNS)에 올려봅시다.

Olivia님이 새로운 사진 1장을 올렸습니다.

한국의 옛날 놀이 **#공기놀이**를 해 봤다. 어렵지만 재미있는 공기놀이 **#너무행복한한국생활** 스마트폰이 없어도 재미있는 시간을 보낼 수 있는 공기놀이! 꼭 해 보세요!

4명 공유 1회

좋아요 댓글달기 공유하기

집중력

19과 놀이 문화

2. 연습하면 할수록 단어 실력이 좋아지겠네

• 학습 목표: 단체 게임 방법을 설명할 수 있다.

I. 준비해 봅시다

끝말잇기

스무고개

삼육구

자기소개하기

- 어느 놀이를 해 봤습니까?
- 여러분은 친구들과 모이면 어떤 놀이를 합니까?

Ⅱ. 표현해 봅시다

1 그림과 같이 대화해 봅시다.

다들 밥만 먹고 있네.
뭐 재미있는 놀이 없을까?

① 3급에서 단어도 많이 배웠으니까 끝말잇기나 해 볼까요?

나도 들어본 적 있어.
② 한 사람이 단어를 말하면 다음 사람이 그 단어의 마지막 소리로 시작하는 단어를 말하는 게임 맞지?

바로 그거예요. 예를 들어서
③ 첫 번째 사람이 '종이'라고 말하면 다음 사람은 '이사'처럼 '이'로 시작하는 단어를 말하는 거죠.

그 게임은 ④ 연습하면 할수록 단어 실력이 좋아지겠네.

맞아요. ⑤ 단어 실력을 키우는 데에는 ① 끝말잇기가 제일이에요.

1)
① 이제 문장도 좀 길게 만들 줄 알다 / 스무고개
② 한 사람이 어떤 물건을 생각하다 / 스무 번까지만 질문해서 알아맞히다
③ 한 사람이 마음속으로 "한국어"를 생각하다 / 다른 사람들은 "먹는 거예요?"처럼 "네", "아니요"로 대답할 수 있는 질문을 하다
④ "네"라는 대답을 많이 듣다 / 답을 쉽게 맞히다
⑤ 질문하는 연습을 재미있게 하다

2)
① 이제 한국말 숫자에 익숙해지다 / 삼육구
② 순서대로 숫자를 말하다가 삼, 육, 구가 나오다 / 박수를 치다
③ 한 사람이 12를 말하다 / 다음 사람은 숫자 대신에 박수를 치다
④ 한국 숫자에 익숙하다 / 이기기가 쉽다
⑤ 한국말 숫자 실력을 키우다

알아맞히다　실력

3)
① 어느 정도 배가 부르다 / 자기소개하기
② 각자 별명을 만들고 별명에 맞는 동작을 보여주다 / 자신의 별명 다음에 다른 사람의 별명을 부르면서 이어가다
③ 별명을 캡틴큐로 짓다 / 경례하는 동작으로 자기소개를 하다
④ 기억력이 좋다 / 유리하다
⑤ 친구의 특징을 빨리 기억하다

4)
① 준비물 없이 할 수 있다 / 마피아 게임
②
③
④
⑤

2 친구에게 자주 하는 게임에 대해서 물어보고 자신의 대답을 정리해서 보기 와 같이 소개하는 글을 써 봅시다.

게임 이름	· 끝말잇기	
추천 이유	· 언제 어디서나 할 수 있고 특별한 준비물이 필요 없다.	
방법	· 한 사람이 어떤 단어를 한 개 말하면 다음 사람이 그 단어의 끝소리로 시작하는 단어를 말한다. · 맞는 단어를 말하지 못하면 엉덩이로 이름을 쓰는 벌을 받는다.	

경례 기억력 특징 벌 이어가다 유리하다 끝소리

보기

Q 끝말잇기 게임 방법을 알고 싶습니다. 좀 알려 주세요

2020. 8.5 3:17pm

A ****님의 답변

끝말잇기 게임은 단어를 많이 알면 알수록 유리한 게임입니다. 언제 어디서나 간단하게 할 수 있는 게임이어서 한국 사람들은 누구나 이 게임을 즐겨 합니다. 게임 방법도 정말 쉽습니다. 먼저 한 사람이 아무 단어나 말합니다. 그러면 다음 사람은 그 단어의 끝소리로 시작하는 단어를 말합니다. 게임을 하다가 맞는 단어를 말하지 못하는 사람은 엉덩이로 이름을 쓰는 벌을 받기도 합니다.

3 보기 와 같이 친구의 글을 읽고 이야기해 봅시다.

보기

가: 친구들과 모여서 하면 진짜 재미있겠어요.

나: 게임을 하다가 단어를 말하지 못해서 엉덩이로 이름을 써 본 적이 있었어요. 창피했지만 재미있는 경험이었어요.

III. 정리해 봅시다

여러분이 알고 있는 게임 방법을 소개해 봅시다.

f

오늘 끝말잇기 게임을 해 봤어요. 이 게임은 단어 실력이 없으면 안 돼요. 계속 단어를 말하지 못하면 엉덩이로 자기 이름을 쓰는 벌을 받아요!

10명 공유 3회

좋아요 댓글달기 공유하기

창피하다

20과 생활 정보

1. 제 강아지도 그 사람이 편한 모양이에요

• 학습 목표: 일상 생활에 도움이 되는 앱을 추천할 수 있다.

Ⅰ. 준비해 봅시다

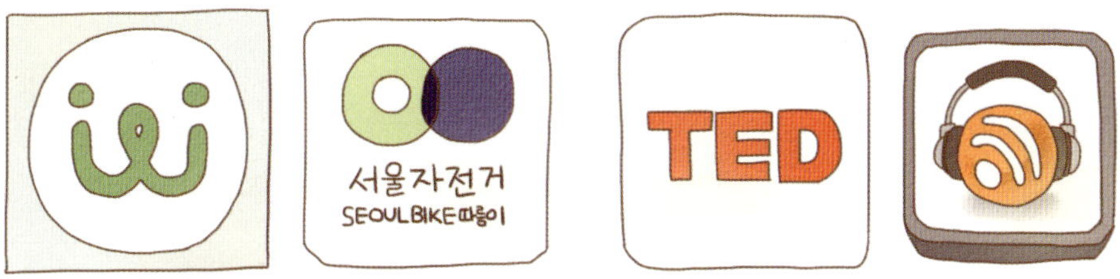

강아지 돌보기　　자전거 이용　　강의 보기　　책 듣기

사진 꾸미기　　여행지 정보　　맛집 정보　　은행일 보기

- 어느 앱을 자주 이용합니까?
- 여러분이 자주 쓰는 앱의 장점은 무엇입니까?

20-1

Ⅱ. 표현해 봅시다

1 그림과 같이 대화해 봅시다.

① 강아지를 어떻게 하지?

왜? 무슨 일 있어?

② 수업 때문에 강아지를 집에 혼자 두고 나와 버렸어. ③ 따라 나오지 못하게 하고 나왔는데 혼자 울고 있을지도 몰라.

혹시 ④ '멍멍 돌보미'라는 앱을 알아? ⑤ 개를 기르는 사람들이 많이 사용하는 모양이던데.

④ 멍멍 돌보미?

응. ⑥ 도와주는 사람이 집으로 방문해서 혼자 있는 강아지를 돌봐 주는 앱이래.

1)
① 이 표정
② 표정이 또 어색하게 찍히다
③ 매번 신경을 써도 자연스럽게 안 나오니까 앞으로 나는 사진을 안 찍다
④ 찍고 꾸미고
⑤ 사진 찍을 때 표정에 자신이 없는 사람들이 재미있게 쓰다
⑥ 어색하게 나온 사진을 예쁘게 꾸며 주다

2)
① 자전거
② 이번 달에는 꼭 자전거를 사려고 했는데 생활비를 다 쓰다
③ 교통비도 별로 안 남았는데 다음 달에도 못 사다
④ 따릉따릉이
⑤ 자전거를 사지 않고도 언제 어디서나 편하게 이용할 수 있다
⑥ 예약을 하면 원하는 시간과 장소에서 자전거를 빌려 타다

자연스럽다 어색하다 따릉

3)
- ❶ 계좌 이체
- ❷ 어제까지 이체를 했어야 하는데 잊다
- ❸ 어제까지 꼭 주기로 했는데 친구가 오해를 하다
- ❹ 쉽고 빠르게
- ❺ 휴대전화로도 인터넷 뱅킹을 간편하게 할 수 있다
- ❻ 간단한 비밀번호만 누르면 컴퓨터에서 하는 것과 똑같이 은행 서비스를 이용할 수 있다

4)
- ❶ 문학 공부
- ❷
- ❸
- ❹ 윤동주와 배우는 한국 시
- ❺
- ❻

2 친구에게 자주 사용하는 앱에 대해서 묻고 자신의 대답을 정리해서 보기 와 같이 앱을 추천해 봅시다.

앱	· 멍멍 돌보미	
사용하는 이유	· 강아지가 혼자 집에 있을 때 돌봐 줄 사람이 필요하다.	
기능	· 혼자 있는 강아지를 돌봐 줄 사람을 소개시켜 준다.	
좋은 점	· '생방송 동영상' 기능	

기능

보기

내가 즐겨 사용하는 앱

강아지를 키워 본 적이 있으세요? 저는 어렸을 때부터 강아지를 키웠는데요, 이름이 '하루'예요. 한국에 처음 왔을 때는 저 혼자 사니까 하루를 데리고 오지 않았어요. 그런데 시간이 지나면 지날수록 너무 보고 싶은 거예요. 그래서 지난 방학 때 고향에서 데리고 와 버렸어요. 하지만 제가 외출하면 하루가 혼자 집에 있어야 해서 늘 마음이 아팠어요.

그래서 '멍멍 돌보미'라는 앱을 친구한테서 소개 받았을 때 정말 기뻤어요. 이 앱에서는 강아지를 잘 돌봐 줄 사람을 소개해 줘요. 믿을 만한 사람이 빈 집에 와서 강아지와 놀아 주고 산책도 시켜 주는 거죠. 이 앱의 기능 중에서 제일 마음에 드는 건 '생방송 동영상'이라는 거예요. 돌봐 주는 사람이 몸에 카메라를 휴대하고 있어서 하루가 어디에서 뭘 하고 있는지 제가 늘 볼 수 있어요. 하루도 자기를 돌봐 주는 사람이 편한 모양이에요.

이 앱은 강아지 주인이 집을 비울 때 외로워할 강아지들한테 꼭 필요한 앱이라고 봐요. 여러분 주변에도 강아지를 키우는 사람이 있다면 이 앱을 추천해 주세요.

3 보기 와 같이 발표 내용에 대해 이야기해 봅시다.

보기

가: 정말 좋은 앱인데요. 어디로 들어가면 다운로드받을 수 있어요?
나: 검색 사이트에 들어가서 '멍멍 돌보미'라고 치면 금방 무료로 다운로드 받을 수 있어요.

III. 정리해 봅시다

최신 기능이 있는 앱을 에스엔에스(SNS)에 소개해 봅시다.

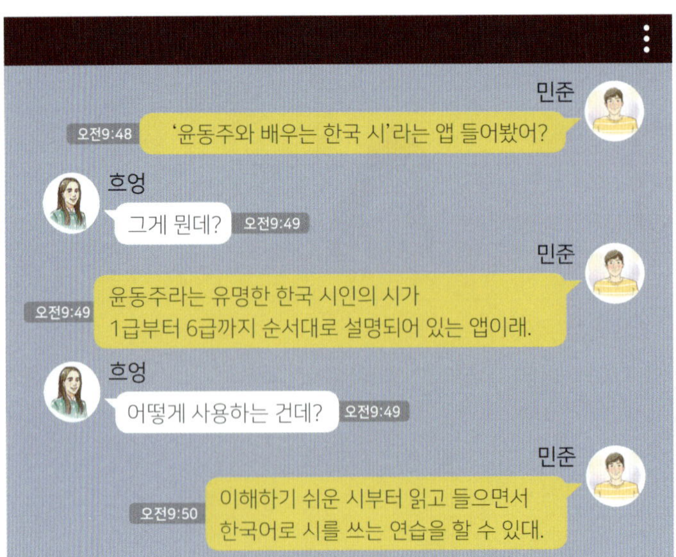

생방송 최신

20과 생활 정보

2. 유학생 비자를 더 쉽게 받을 수 있었을 텐데요

• 학습 목표: 유학 생활에 필요한 정보를 소개할 수 있다.

Ⅰ. 준비해 봅시다

- 한국에 와서 어느 정보가 제일 필요했습니까?
- 요즘 알게 된 유학 생활 꿀팁이 있습니까?

꿀팁

1 그림과 같이 대화해 봅시다.

너는 유학 생활에 필요한 정보를 어디에서 찾아?

난 ① 한국에 있는 친구나 고향 선배에게 물어봐.

그래? ② 유학생 비자 받을 때는 어땠어? 난 고생 많이 했는데.

③ 선배가 추천해 주는 학교로 왔는데 믿을 만한 학교면 비자를 쉽게 받을 수 있어.

난 ④ 유학원에서 소개하는 학교로 갔는데 이만 한 가방에 가득 서류를 준비해야 해서 정말 번거로웠어.

너도 ⑤ 경험 있는 선배에게 물어봤다면 비자를 더 쉽게 받을 수 있었을 텐데.

1)
① 유학생 사이트에서 찾다
② 교통카드는 어떻게 만들다
③ 신용카드를 만들 때 교통카드 기능도 같이 만들다 / 편리하게 쓰다
④ 교통카드도 신용카드만 해서 휴대하기 편하다고 생각했는데 매번 충전해서 써야 하니까 불편하다
⑤ 유학생 사이트에 미리 들어가 보다 / 교통카드 기능이 있는 신용카드를 만들다

2)
① 학교 게시판에서 정보를 얻다
② 지난 번에 아파서 응급실에 갈 때는 어떻게 도움을 받다
③ 다산콜 120에 전화하다 / 어떤 상황에서도 통역 서비스를 받다
④ 한국말을 할 때는 목소리가 모기 소리만 해져서 전화로 도움을 받는 것이 힘들다
⑤ 다산콜에 외국어 서비스가 있는 줄 알다 / 그동안 고생을 덜 하다

고생하다　충전　다산콜　상황

3)

1 유학생 모임에서 도움을 받다
2 지난 방학 때 여행 간 도시의 정보는 어디에서 얻다
3 어느 도시든지 시청 홈페이지에 들어가다 / 지도와 정보를 찾아 보다
4 책으로만 정보를 얻으려고 하니까 지도도 손바닥만 해서 잘 보이지 않고 최신 정보도 없다
5 시청 홈페이지에 여행 정보가 있는 줄 알다 / 여행하기가 훨씬 더 쉽다

4)

1 학교 동아리 선배나 친구에게 물어보다
2
3
4
5

2 보기 와 같이 고향 친구나 고등학교 후배들에게 유학 생활 정보를 소개해 봅시다.

자기 소개	· 한국어 3급을 마쳤다.	
유학 생활에 필요한 정보	· 유학 갈 학교를 정하고 유학생 비자를 받는다. · 유학생 사이트를 이용한다.	
끝인사	· 선배로서 도움을 주겠다.	

보기

성공적인 유학 생활을 위하여

후배 여러분, 한국 유학 준비는 잘 되고 있어요? 저는 한국에서 한국어 3급을 마치고 방학을 해서 지난주에 고향에 왔어요. 그동안 한국 유학을 준비하면서 여러 가지로 궁금한 게 많았을 텐데요. 지금부터 유학을 가기 전에 제가 준비했던 것들에 대해 소개해 드리겠습니다. 이야기를 들으면서 궁금한 것들을 적어 놓았다가 제 발표가 끝나면 질문해 주세요.

제가 유학을 가기로 마음먹고 나서 제일 먼저 알아본 건 유학 갈 학교였어요. 학교에 따라 준비해야 하는 서류들이 많이 다르거든요. 유학생 비자를 쉽게 받기 위해서는 학교 선택이 중요해요. 믿을 만한 학교로 가면 한두 가지 서류만 준비해도 비자가 쉽게 나와요. 그래서 저는 선배들이 추천해 주는 학교로 유학을 갔어요. 제 친구는 유학원에서 소개해 주는 학교로 갔는데 준비해야 할 서류가 이만 한 가방에 하나 가득이어서 아주 힘들었대요. 참, 유학생 사이트에는 유학 생활에 필요한 정보가 자세히 나와 있으니까 한번 들어가 보세요.

저는 앞으로 1년 더 한국에 있을 예정이에요. 한국에 오면 꼭 저한테 연락하세요. 먼저 유학 생활을 시작한 선배로서 많이 도와 드릴게요. 제 이야기는 여기까지예요. 궁금한 것이 있으면 지금부터 자유롭게 질문하세요.

훨씬

3 보기 와 같이 발표 내용에 대해 이야기해 봅시다.

보기

가: 선배님, 유학 준비 꿀팁, 정말 감사합니다. 유학생 사이트는 뭐라고 검색하면 찾을 수 있어요?

나: 검색창에 '유학생 사이트'라고 치면 여러 사이트를 볼 수 있어요. 각자 필요한 정보가 다르니까 사이트마다 들어가서 자기한테 맞는 정보를 잘 검색해 보세요.

Ⅲ. 정리해 봅시다

유학생 사이트에 유학 준비를 돕는 조언을 올려 봅시다.

1 그림을 보고 이야기하십시오.

드디어 제가 꿈에도 그리던 한국 전자에 취직을 했습니다. 주변에서 많이 축하를 받았는데 특히 처가에서 제일 좋아하십니다. 이번 설날에 장모님은 친척들을 모두 불러서 제 취직을 축하하는 자리를 만들겠다고 하십니다. 명절이니까 전통 놀이를 하게 될 것 같은데 제가 한국 전통 놀이를 잘 몰라서 걱정입니다. 친척 어른들께 잘 보이고 싶은데 설날에는 어떤 놀이를 하는지, 그 놀이를 잘 하려면 뭘 알아야 하는지 좀 가르쳐 주세요.

1) **웨이에게 알려 주고 싶은 놀이는 무엇입니까?**

2) **웨이에게 그 놀이 방법을 설명해 주십시오.**

2 웨이가 한국 생활 팁을 문의하는 글을 올렸습니다. 웨이가 한국 생활을 잘 할 수 있게 여러분이 답글을 써 봅시다.

> 다음글 　　목록

여러분, 안녕하세요? 자유게시판 　　| 삭제

저는 이번에 한국 전자에 취직한 중국 사람입니다. 처음에는 한국에서 대학원을 마치고 고향으로 돌아갈 생각이었지만 이제 한국에서 평생 살 것 같아요. 그동안 한국인 아내가 저를 많이 도와줘서 지금은 한국 생활에 꽤 익숙해졌는데 언제까지 아내에게 도움만 받을 수는 없잖아요? 그래서 이렇게 문의 글을 올립니다. 저도 하나하나 배우려고요. 한국의 의식주 문화에 대한 것이면 모두 좋습니다. 한국 사람과 결혼한 제가 한국에서 살기 위해 꼭 알아야 할 팁을 알려 주세요.

문화

유익한 생활 정보

전통적으로 한국의 시장에는 가게 주인이 단골을 만들기 위해 손님에게 할인을 해 준다거나 덤으로 물건을 몇 개 더 주는 문화가 있다. 요즘은 이러한 에누리와 덤 문화가 '적립 카드'와 '회원 카드'의 형태로 일반 가게에도 많이 퍼지고 있다. 예를 들어 카페 적립 카드는 커피 한 잔에 하나씩 찍어 주는 도장을 정해진 숫자만큼 모으면 한 잔을 무료로 받을 수 있는 제도이다. 도장 쿠폰은 카페뿐만 아니라 미용실, 중국집, PC방 등 많은 가게에서 사용하고 있다. 또한 휴대 전화 통신사 회원 카드가 있다면 커피숍, 빵집, 극장, 편의점 등을 이용할 때 할인을 받을 수 있다. 여러분도 자주 이용하는 커피숍이나 빵집에서 계산을 하기 전에 이렇게 말해 보자. "여기 적립 카드 있어요?" "쿠폰에 도장 찍어 주세요." "10개 다 모았는데요." "통신사 카드 할인이 되나요?" 가게에 따라서 카드 형태가 종이, 플라스틱, 모바일 앱 등으로 다양하므로 미리미리 잘 챙겨서 똑똑한 소비자가 되어 보자.

부록

색인

색인

어휘 색인

English Version

새 연세한국어 말하기와 쓰기 3-2

별책부록

NEW YONSEI KOREAN Speaking and Writing

연세대학교 한국어학당 편

연세대학교 대학출판문화원

English Version

새 연세한국어 말하기와 쓰기 3-2

별책부록

NEW YONSEI KOREAN Speaking and Writing

연세대학교 한국어학당 편

연세대학교 대학출판문화원

Foreword

The Yonsei University Korean Language Institute ("Yonsei KLI") was established in 1959 as the first institute to provide Korean language courses. Yonsei KLI has published numerous Korean language teaching textbooks and conducted various studies on Korean language pedagogy commensurate with its long history and prestigious reputation as the world's leading Korean language institute. Yonsei KLI has imparted language skills and knowledge of Korea's rich cultural heritage to over 140,000 students from 147 countries. More recently, the institute has extended the learning environment beyond physical classrooms to the online space through the creation of MOOCs(Massive Open Online Course), which have received deep appreciation from those who wish to learn the Korean language but are unable to attend Yonsei KLI in person. To keep pace with the rapidly evolving educational environment, Yonsei KLI continues to relentlessly pursue various endeavors to update and develop new methods of and materials for teaching the Korean language.

Yonsei KLI has offered various regular, short-term, and the university Korean courses for those who are studying the Korean language for both general and special purposes. The institute has been deeply committed to developing teaching materials of the highest quality that cater to learners' needs. The textbooks created and published by Yonsei KLI have been satisfying the diverse needs of Korean language instructors and learners around the world to provide excellent teaching and learning experiences.

Yonsei KLI is now proud to present the "New Yonsei Korean" textbook series which follows in the steps of the "Yonsei Korean 1–6" series, the all-time favorite textbook series for learning the Korean language. Many scholars and instructors with years of hands-on Korean language teaching experience have been involved, and great deals of time and effort have been dedicated in its development. Their understanding of the best teaching practices and the needs of learners are incorporated into this new series.

The recently published "New Yonsei Korean" textbook series is comprised of six levels of vocabulary and grammar, speaking and writing, and listening and reading textbooks. "New Yonsei Korean Vocabulary and Grammar" textbook helps the Korean learners at each level in building and utilizing the key vocabulary words and grammatical concepts. "New Yonsei Korean Speaking and Writing" textbook focuses on speaking and writing exercises that enable learners to familiarize themselves with expressions that are essential for communication in Korean. "New Yonsei Korean Listening and Reading" textbook fosters 2 the comprehension skills appropriate for each level of the Korean language through listening and reading exercises. The three textbooks in each series can be used together as a package to help learners acquire balanced Korean language proficiency or may be used separately depending on the educational environment or individual learners' needs. Furthermore, an additional guidebook for the vocabulary and grammar textbook was provided to assist teachers with relatively less experiences.

Yonsei KLI will continue to dedicate time and energy to developing textbooks and teaching materials that can satisfy the needs and meet the expectations of Korean language learners around the world. Yonsei KLI hopes that this newly released textbook series will be of great help to numerous instructors both inside and outside of Korea doing their utmost to offer top-notch Korean language education and to all of the learners around the world striving to learn the Korean language.

The Yonsei University Institute of Language Research and Education
The Yonsei Korean Language Institute Textbook Compilation Committee

Introduction

1. This book, together with "New Yonsei Korean Language Vocabulary & Grammar 3" and "New Yonsei Korean Language Listening and Reading 3," is for intermediate-level Korean language learners. It has been compiled so that students can practice speaking and writing the sentence structure and vocabulary they've learned in "New Yonsei Korean Language Vocabulary & Grammar 3."

2. This book focuses on developing students' ability to express themselves so that intermediate-level Korean language learners can ultimately speak and write Korean.

3. This book consists of 20 lessons and each lesson is made up of two units, totaling 40 units in all. For every two lessons, there is a separate review section, and there are a total of 10 review units in the book. The entire book contains 50 sections total and for every two lessons, there is a segment that introduces Korean culture. Each unit consists of enough material for a 50-minute class.

4. Each unit of the book consists of title, learning objectives, a "Let's Prepare" segment, "Let's Express" segment, and "Let's Organize" segment. The review unit consists of two assignments so that students can review the topic, function, vocabulary and grammar from the previous two lessons.

5. The title of each lesson in this book is the same as the lesson titles of "New Yonsei Korean Language Vocabulary & Grammar 3." The title of each unit is the representative sentence from the dialogue so that learners can clearly understand the learning objective of the unit.

6. The learning objective is expressed as, "can explain –," "can introduce –," and "can speak about –" in order to help learners understand the function of each of the expressions.

7. The "Let's Prepare" segment is essentially an introduction to the unit. The illustration, which serves as an example to help learners understand the learning objective, is followed by two questions that aim to induce learners to predict the specific content that the section will consist of. Each of the 40 units from Lessons 1

to 20 consist of one question that refers to the illustration and a second question that refers to the personal experience of the learner.

8. “Let’s Express” is formatted so that learners can practice speaking or writing by applying the contents of what they have learned in “New Yonsei Korean Language Vocabulary & Grammar 3.” In order to pique the interest of intermediate-level learners while enhancing the realism of the situation, an illustration is provided that shows the intended context of the speaking exercise. Moreover, each exercise consists of an “Example” section that shows a standard conversation, presentation, and writing with the aim of furthering the understanding of learners. If the title of the "Example" section is presented on the board, it will help learners understand the goal of their speaking or writing tasks.

9. “Let’s Organize” is an exercise that connects the class lesson on expressions with real-life assignments. It is prepared in a way where students can practice the vocabulary and grammar that they have learned in the context of diverse real-life situations.

10. “Review” consists of two exercises and aims to help learners practice making long verbal and written statements using the vocabulary, grammar, and theme that they learned in the preceding two lessons.

11. “Culture” contains selected content that introduces Korean culture, as well as Korean expressions that learners can use.

12. Each of the exercises are open-ended questions where Korean language learners can express themselves in various ways according to their Korean language ability. Also, ordinary and typical situations are introduced so that students can apply and practice the content they have learned in their own real-life situations.

13. New vocabulary can be found at the bottom of the page for each relevant exercise. In addition, an Appendix of all of the new vocabulary words and the unit in which they were used is included in the book to provide self-directed learning.

Contents Map

Lesson	Title	Learning Objective	Sentence Structure	Culture
11 A New Experience	<1> I heard that I could volunteer even if I'm not very good at Korean. Is that correct?	To be able to inquire and introduce important information about public institutions	-는다고 하던데 -는 대로	Traditional Culture
	<2> It took longer than I thought but it was fun.	To be able to recommend a cultural experience program	-기는 하다 -다니	
12 Travel	<1> Where do they sell food worth eating for foreigners?	To be able to make inquiries about things you do not know at a tourist information center.	-을 만하다 -는답니다	
	<2> There are so many things to see from Chinatown to modern streets.	To be able to share an experience of a memorable trip	-을 뿐만 아니라 이며 이며	
13 Shopping	<1> This site is also inexpensive	To be able to compare the pros and cons of internet shopping.	-만 못하다 -기도 하다	Shopping trend, "Bang for the Buck"
	<2> You will allow me to exchange the merchandise I receive if there is something wrong with it, won't you?	To be able to request an exchange or refund for	-을걸요 -거나 하면	
14 Invitation	<1> I searched all the cooking websites around the world preparing for this event.	To be able to give an explanation about and invitation to an event	-느라고 -는단 말이에요?	
	<2> Buy something for the family to eat together and give it to them.	To be able to explain etiquette when visiting a home	-어다가 -다니요?	

Lesson	Title	Learning Objective	Sentence Structure	Culture
15 Work and Life	<1> Seeing how my friends are amazed, I think it do well if this is imported to my country.	To be able to introduce the plan of what you want to do.	-는 걸 보니 -기만 하면 되다	Changes of Occupational Values
	<2> I used to do a lot of cooking while I stayed at my hometown.	To be able to prepare for a part-time job interview and talk about that experience	-곤 하다 -건 -건	
16 Worries and Advice	<1> I'm pretending to be uninterested but it's quite difficult	To be able to talk about your worries and ask for advice.	-는 사이에 -는 척하다	
	<2> Why don't you try talking about a movie?	To be able to listen to someone's worry and offer appropriate advice	-지 그래요? -거든	
17 Making and Refusing a Request	<1> It's because there are many difficult words	To be able to make a request appropriate to a situation	-을지 모르겠다 -고 해서	A Mild Refusal
	<2> There must be some inexpensive hotels around your house	To be able to refuse a request in a manner that does not disappoint the person making the request	-지 -을 텐데요	
18 Meetings	<1> I am about to go try the ganjang-gejang because I heard it was delicious	To be able to plan and make suggestions for a class meeting	-는다고 해서[1] -었다가[2]	
	<2> If you have set your heart on going to graduate school, then let's prepare together	To be able to plan and make suggestions for a study meeting	-었다면 -을 수도 있다	

Lesson	Title	Learning Objective	Sentence Structure	Culture
19 Play Culture	<1> They say the little girls of long ago used to do this often	To be able to explain the way people played a long time ago	을 가지고 -었었다	Useful Lifestyle Information
	<2> Your skill with words will improve the more you practice	To be able to explain the way to play a group game	이나[4] -을수록	
20 Daily Life Information	<1> Even my dog seems to be comfortable with that person	To be able to recommend an application that is helpful to everyday life	-어 버리다 -는 모양이다	
	<2> There should have been an easier way to obtain an international student visa	To be able to introduce needed information about the life of studying abroad	-었을 텐데요 만 하다	

Contents

Lesson 11 A new experience

<1> I heard that I could volunteer even if I'm not very good at Korean. Is that correct?

Lesson Objective: To be able to inquire and introduce important information about public institutions

Vocabulary

문의하다 to inquire
봉사 community service
대강 roughly
알아듣다 to understand
초등학생 elementary school student
당일 the day
잔돈 change
돌려드리다 to give back
증명사진 ID photo
일자리 job
이력서 resume
아동 child
교육 education

<2> It took longer than I thought but it was fun.

Lesson Objective: To be able to recommend a cultural experience program

Vocabulary

전망대 observatory
추천하다 to recommend
전통주 traditional liquor
절 temple
템플스테이 temple stay
스님 monk
명상하다 to meditate
바깥 outside
휴식 rest
체험 experience
김치를 담그다 to make kimchi
평화 peace
땅굴 underground tunnel
공동경비구역 joint security area

Lesson 12 Travel

<1> Where do they sell food worth eating for foreigners?

Lesson Objective: To be able to make inquiries about things you do not know at a tourist information center.

Vocabulary

팸플릿 pamphlet
부 counting word for the number of books or publications
시티투어버스 city tour bus
공간 space
챙기다 to collect or gather up
목적지 destination
안내원 guide or usher
조끼 vest
쿠폰 coupon
책자 booklet

<2> There are so many things to see from Chinatown to modern streets.

Lesson Objective: To be able to share an experience of a memorable trip

Vocabulary

근대 recent times
먹거리 things to eat
휴양지 vacation spot
황금연휴 golden vacation days
명소 place of interest
청춘열차 Intercity Train eXpress - Cheongchun
사건 incident
지붕 roof

Review (Lesson 11-12)

Korean Culture: Traditional Culture

Although Seoul is a crowded and modern city, you can still find the charm of Korean tradition place to place. If you went and saw the ancient palaces or Hanok Village in the middle of Seoul's forest of buildings, you would naturally hear yourself saying, "It seems like I came to a different era." The hanok (Korean-style house) is characterized by how it was built to harmonize with the natural environment just as it is. That is why people who visit a hanok would express their amazement by saying, "Wow, I can see the sky from inside the house," "I can smell the dirt from the living room floor," or "There is plenty of sunlight here." These days, the Hanok is being used in a variety of forms such as the Hanok Guesthouse, Hanok Cafe, and Hanok Noraebang. You can also oftentimes notice people in the middle of Seoul walking around the palaces and Hanok Village wearing Hanbok. It has been a long time since young people wear the hanbok and take a 'life photograph' as a way to experience traditional culture. The entrance fee at the palaces are free for people who wear the hanbok so it would make a good memory to experience it.

Lesson 13 Shopping

<1> This site is also inexpensive

Lesson Objective: To be able to compare the pros and cons of internet shopping.

Vocabulary

사이트 site
농사 farming
의류 clothing
단골 regular customer
포인트 point
후회하다 to regret
금액 amount of money

<2> You will allow me to exchange the merchandise I receive if there is something wrong with it, won't you?

Lesson Objective: To be able to request an exchange or refund for merchandise

Vocabulary

정성 earnestness　쇼핑몰 shopping mall
품질 quality　고객 customer
반송 return　치수 size
물류 logistics　반팔 short sleeves
실제 actual condition　환불 refund
긁히다 to be scratched

Lesson 14 Invitation 2

<1> I didn't even have time to eat lunch preparing for this event today .

Lesson Objective: To be able to give an explanation about and invitation to an event

Vocabulary

시식하다 to sample
굉장히 very much or exceedingly
공예품 handicrafts　굶다 to starve
정신 mind or sense

<2> Buy something for the family to eat together and give it to them.

Lesson Objective: To be able to explain etiquette when visiting a home

Vocabulary

근데 but　축의금 monetary gift
예절을 지키다 to observe the proprieties
예의가 아니다 to not be courteous
사모님 madam, Mrs.　예의를 갖추다 to be polite
웃어른 elder

Review (Lesson 13-14)

Korean Culture: Shopping trend, "Bang for the Buck"

Stores with products that are 3,000 won and under, convenience store meals, road shop cosmetics, famous bargain clothes. The common factor shared by all of these things is that they feature good quality compared to how much they cost. As modern-day individuals who frequently access the internet naturally share information about products with a high rate of satisfaction compared to their price, these "bang for the buck" products are growing in popularity. The current economic slump, characterized by catchphrases like " 880,000 won generation,""generation that has given up N number of things,"and "anti-marriage,"is also playing a role in the growing consumer base of these kinds of low-end products. You will be able to carry on a natural conversation with your friends if you look at the products they own and ask, "Where did you buy that? How much was it? Wow, that's great bang for the buck."

Lesson 15 Work and Life

<1> Seeing how my friends are amazed, I think it do well if this is imported to my country.

Lesson Objective: To be able to introduce the plan of what you want to do.

Vocabulary

전자 핫팩 electric hand warmer
사업 business　수입하다 to import
대단하다 to be great or enormous
계획서 plan
통하다 to be understood or acknowledged
샘플 sample　번역하다 to translate
장래희망 future hope　사업가 business person
보조 배터리 portable charger　목표 goal

<2> I used to do a lot of cooking while I stayed at my hometown.

Lesson Objective: To be able to prepare for a part-time job interview and talk about that experience

Vocabulary

구인 광고 help-wanted advertisement
경력 one's career　시급 hourly wage
주방 kitchen　시간당 per hour
근무 시간 working hours　판매하다 to sell
초보자 beginner
경력자 experienced individual
야간 night

Lesson 16 Worries and advice

<1> I'm pretending to be uninterested but it's quite difficult

Lesson Objective: To be able to talk about your worries and ask for advice.

Vocabulary

짝사랑 unrequited love　잔소리 nagging
행동하다 to act or behave

<2> Why don't you try talking about a movie?

Lesson Objective: To be able to listen to someone's worry and offer appropriate advice

Vocabulary

마디 a word　정기 fixed period
적금 installment savings　입금 deposit
한턱 내다 to treat
꾸준히 steadily or constantly
세우다 to set up　취업 getting a job
승진 promotion

Review (Lesson 15-16)

Korean Culture: Changes of Occupational Values

The view that young adults take on occupations and workplaces has greatly changed from the past. These days, many young people seek work-life balance with the thinking that "you only live once." That's why the concept of "lifelong employment," where people join a company and work until retirement, is slowly fading away. It is now becoming a common phenomenon for young people to change jobs a number of times based on their preference or the benefits that the job provides. In the past, if people were primarily concerned with "Will I be able to work until retirement age?," "How much will I be paid?," these days, young people ask, "Will I be able to leave work on time?," "Can I freely use my monthly and annual paid vacation days?" In other words, they are placing greater value on doing the work they like while having the freedom to take time off for personal leisure, even at the expense of a high salary.

Lesson 17 Making and refusing a request

<1> It's because there are many difficult words

Lesson Objective: To be able to make a request appropriate to a situation

Vocabulary

달리다 to be written or to be posted
형식 form　한자 Chinese character
당하다 to get (rejected)
추천서 recommendation letter

<2> There must be some inexpensive hotels around your house

Lesson Objective: To be able to refuse a request in a manner that does not disappoint the person making the request

Vocabulary

곤란하다 to be difficult or awkward
솔직히 straightforwardly

Lesson 18 Meetings

<1> I am about to go try the ganjang-gejang because I heard it was delicious

Lesson Objective: To be able to plan and make suggestions for a class meeting

Vocabulary

게살 crab meat　보드게임 board game
종강 end of semester
밥도둑 mouthwatering food

<2> If you have set your heart on going to graduate school, then let's prepare together

Lesson Objective: To be able to plan and make suggestions for a study meeting

Vocabulary

자신 self-confidence　아무튼 anyway
맡다 to take charge of (a thing)
운전면허 driver's license　규칙 rule
빠지다 to miss　횟수 frequency

Review (Lesson 17-18)

Korean Culture: A Mild Refusal

Directly refusing the request of someone close to you is not an easy thing to do. That's why whenever Korean people refuse a request, they give a mild refusal saying, "I'll think about it." or "Give me a call next time." instead of saying, "No, I can't do it." directly. But with mild refusals, there are times when the other person doesn't even realize that you've refused their request and misunderstand your intention.

If you attended a class meeting for the first time in a long while and after returning home, received a text from a friend asking you out, how would you refuse the request?

19 Play culture

<1> They say the little girls of long ago used to do this often

Lesson Objective: To be able to explain the way people played a long time ago

Vocabulary

공기 **marbles (jackstones)** 고무줄 **elastic band**
문구점 **stationary store**
딱지 **ttakji (children's game that uses paper folded into squares)**
뒤집다 **to flip over** 구슬 **marble**
세모 **triangle**
가위바위보 **rock, scissors, paper**
투명하다 **to be transparent**
골목 **alley**
집중력 **one's concentration**

<2> Your skill with words will improve the more you practice

Lesson Objective: To be able to explain the way to play a group game

Vocabulary

알아맞히다 **to guess right** 실력 **one's ability**
경례 **salute** 기억력 **memory**
특징 **feature** 벌 **punishment**
이어가다 **to continue**
유리하다 **to be advantageous**
끝소리 **ending sound** 창피하다 **to be shameful**

Lesson 20 Daily life information

<1> Even my dog seems to be comfortable with that person

Lesson Objective: To be able to recommend an application that is helpful to everyday life

Vocabulary

자연스럽다 **to be natural** 어색하다 **to be awkward**
따릉 **ring ring (bicycle bell sound)**
기능 **function** 생방송 **live broadcasting**
최신 **newest or latest**

<2> There should have been an easier way to obtain an international student visa

Lesson Objective: To be able to introduce needed information about the life of studying abroad

Vocabulary

꿀팁 **best tips**
고생하다 **to have trouble or difficulty**
충전 **charge** 다산콜 **Dasan Call**
상황 **situation** 훨씬 **by far or a great deal**

Review (Lesson 19-20)

Korean Culture: Useful Lifestyle Information

Traditionally, there is a culture in Korean marketplaces where storeowners give discounts or free gifts to customers to induce them to become regular customers. These days, this kind of discount and free gift culture is being spread to other stores in the form of "savings cards" and "membership cards." For example, with a cafésavings card, you get a stamp for every cup of coffee you purchase and once you reach a certain number of stamps, you can get a free cup of coffee. This kind of stamp coupon isn't just for cafes; hair salons, Chinese restaurants, PC rooms, and many other stores use this system. Also, if you have a membership card from your cell phone telecommunications company, you can get discounts at coffee shops, bakeries, theaters, and convenience stores. When making a purchase at a coffee shop or bakery where you're a regular customer, try asking before paying, "Can I get a telecommunications membership card discount?" "Do you offer savings cards here?" "Please stamp this coupon,"or "I've received all ten stamps." Each store has different forms of cards—some are paper, some plastic, and some even use mobile apps. Make sure you learn about these benefits ahead of time so you can become a smart consumer.

새 연세한국어 말하기와 쓰기 3-2

별책부록

NEW YONSEI KOREAN Speaking and Writing